这本书属于：

____

神秘事件
大百科

[英]汤姆·亚当斯 著 [美]亚斯·伊马穆拉 绘 陈宇飞 译

中信出版集团 | 北京

图书在版编目（CIP）数据

神秘事件大百科 /（英）汤姆·亚当斯著；（美）亚斯·伊马穆拉绘；陈宇飞译 .-- 北京：中信出版社，2023.6

书名原文：The Big Book of Mysteries

ISBN 978-7-5217-5275-5

Ⅰ.①神… Ⅱ.①汤… ②亚… ③陈… Ⅲ.①科学知识—儿童读物 Ⅳ.① Z228.1

中国国家版本馆 CIP 数据核字 (2023) 第 021882 号

神秘事件大百科

著　　者：［英］汤姆·亚当斯
绘　　者：［美］亚斯·伊马穆拉
译　　者：陈宇飞
出版发行：中信出版集团股份有限公司
　　　　（北京市朝阳区东三环北路27号嘉铭中心　邮编　100020）
承 印 者：北京联兴盛业印刷股份有限公司

开　　本：889mm × 1194mm　1/12　　印　　张：8　　字　　数：220千字
版　　次：2023年6月第1版　　印　　次：2023年6月第1次印刷
京权图字：01-2022-6209
书　　号：ISBN 978-7-5217-5275-5
定　　价：98.00元

出　　品：中信儿童书店
图书策划：好奇岛　　策划编辑：鲍芳　范子恺　　责任编辑：刘莲
营　　销：中信童书营销中心　　封面设计：李然　　内文排版：李艳芝

服务热线：400-600-8099
投稿邮箱：author@citicpub.com

目录

消失之地

未知的恐惧

心胜于物

聪明的古人

难解谜题

序言

你可能没有料到，世界上竟然会有这么多不可思议而且谁也无法解释的谜团……
比如，“玛丽·赛勒斯特号”的船员们经历了什么？
亚瑟王是真实存在的人物吗？巴比伦空中花园又在哪里？

我们已经潜入了最深的海底，登上了最高的山峰。我们还曾勇闯寸草不生的荒漠，踏足人迹罕至的丛林，甚至翱翔于九天之外。科技让我们得以细致入微地探索世界，探索人体。如今，人类对自己的了解比历史上任何时期都要丰富。借助计算机，我们不仅可以窥探人类的心灵，见证记忆的储存，还能在实验室里创造新生命。

因为这些科学方面的进步，许多曾经的谜团都有了答案，所以那些尚未破解的谜团更能唤起我们的想象力。而世界上也的确还有不少令人百思不得其解的大谜团……

巨石阵、吉萨大金字塔、安提基特拉机械、费斯托斯圆盘……个个都不像是古人们能够鼓捣出来的东西。可是建造或制造这些的人的确是他们，而且证据明明白白地摆在那里。多年来，专家、学者们绞尽脑汁，还是想不通古人是怎么做到的。

那其他类型的谜团呢？比方说那些不太容易用实实在在的东西来证明，被当作在夜里闹腾的鬼魂之类的东西呢？

很久以前，人类曾经借助神话、民间故事和传说来理解世界。在许多现象得到科学解释以前，这些形形色色的故事或许起到过帮助人们理解生老病死的作用：亡灵的故事帮助人们排解丧亲之痛，林中怪兽的传说提醒人们远离蛮荒危险之地。而雪人、大脚怪等现代神秘生物的传闻大概也有相同的功效。以鬼怪为主题的故事会不会反映了我们怕黑的本能？我们对所谓外星人绑架事件的痴迷，会不会象征着对陌生人的恐惧？也许的确如此。

可是，你仍然不能掉以轻心。当你看到一些稀奇古怪的事情，或者某件不可思议的事情似乎无缘无故就发生了的时候，你很容易让自己的想象力无限延伸。记住，一件事情看起来不合常理，并不意味着它永远无法被解释。你应该把情绪放到一边，仔细地看清事实。这时，再运用一点儿逻辑推理，说不定就能找到一个简单、合适的解释。

在调查这些神秘事件时，一定要提防虚假证据。今天，我们处在各种“事实”的包围之中，它们在互联网上随处可见，被社交媒体一点一滴地灌输给我们。我们要明白，就算有些东西出现在了互联网上、电视上，甚至是书上，也不一定就是真的。

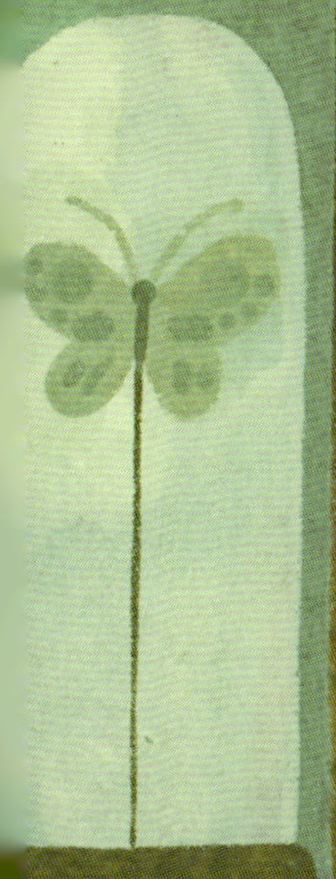

未解之谜总是很吸引人，这个世界也总是充满了令人称奇的故事——你会在这本书里读到很多。好好地享受探寻真相的过程吧。只是，在轻易认定一件事情无法解释之前，最好先仔细思考一下。

再难的谜题也可能会有答案。只要大胆地提问，保持开放的心态，说不定你就是那个破解未解之谜的人。

偏向虎山行

两名飞行员“人间蒸发”了。他们的失踪之谜究竟有没有真相大白的一天？

阿梅莉亚·埃尔哈特

1937年7月2日，正在挑战环球飞行的阿梅莉亚·埃尔哈特从巴布亚新几内亚的莱城出发，开始了全程难度最大的一段航程。如果成功的话，她将成为有史以来第一位实现环球飞行的女性。阿梅莉亚的座驾是一架洛克希德公司制造的“厄勒克特拉”式小型飞机，同伴只有领航员弗雷德·努南。她必须在太平洋上飞越4000多千米，

才能到达这段航程的终点——一座面积不到2平方千米的弹丸小岛——豪兰岛。

出发4小时后，阿梅莉亚向海岸警卫发送了无线电讯息。当时她已经接近目的地。没想到，这竟然成了她生平最后的音讯。这是怎么回事？

当时飞机的燃料已经不多了，天气状况也不佳，所以阿梅莉亚可能没找到那个小岛？可是，人们在一场规模浩大的海空联合搜救行动之后，却连她或者飞机留下的一丝痕迹都没有找到。后来人们利用高科技声呐和深海机器人进行搜寻也一无所获。

在豪兰岛以南550千米远的海域有一座名叫尼库马罗罗岛的荒岛。后来，一支探险队在当地发现了疑似用于修理飞机的工具、一块女鞋的鞋跟、20世纪30年代的化妆品，甚至还有人类的遗骨！难道说，阿梅莉亚其实是严重偏离了原定的航线，降落到了另一座岛上，并且在那里生活过？

当时的科学家们在检测了遗骨后宣布它属于一名男性。可是多年后，科学家又改口了，宣布遗骨属于一名女性！时至今日，这一切仍然是个谜……

弗雷德里克·瓦伦蒂奇

弗雷德里克·瓦伦蒂奇是一个急于成为职业飞行员的澳大利亚青年。1978 年 10 月的某天傍晚，他独自驾驶一架飞机，从墨尔本飞向了位于塔斯马尼亚岛西北的金岛。

起飞几分钟后，他就用无线电联络了空管人员，说飞机上空 300 米的地方有什么东西在跟踪他。那东西看起来十分古怪，表面铿亮，上面有四盏明亮的灯。

空管人员要弗雷德里克辨认那是什么飞机，结果得到了一条令人毛骨悚然的答复：“不是飞机。”接着，他们便在无线电通话中听到一阵刺耳的金属解体声，然后是一片死寂。弗雷德里克从此下落不明，他的飞机也无迹可寻。

当天傍晚，在弗雷德里克飞过的航线附近，正好有一个叫罗伊·马尼福尔德的人在拍摄落日美景。有人说其他拍的一张照片可能就是弗雷德里克失踪之谜的答案，因为那张照片似乎拍到了某个不明飞行物（UFO）从海里一飞冲天。更巧的是，同一天晚上还有其他的人也说看见了一个闪着绿灯的不明飞行物以“之”字形的轨迹飞过天空。难道弗雷德里克被外星人绑架了？

或许还有更简单的解释。弗雷德里克在接受飞行员训练时就明显感到力不从心，不仅有些飞行考试没有考过，而且缺乏夜航经验。因此，他可能只是迷失了方向后坠机了。那他描述的四盏灯又是怎么回事呢？在晴朗无云的夜空，我们常常可以看见星星闪烁。也许弗雷德里克描述的四盏灯就是金星、火星、水星和夜空中最亮的恒星之一——心宿二。

海上失踪

下面这两个谜案看似没什么奇怪的，可是细想起来却有点儿不对劲。

弗兰南群岛之谜

弗兰南群岛位于英国苏格兰地区的西北方。虽然现在岛上无人居住，但是在 19 世纪初，詹姆斯 · 迪卡、托马斯 · 马歇尔和唐纳德 · 麦克阿瑟这三个人曾经在那里工作。他们负责维护岛上新建的灯塔，确保过往船只在波涛汹涌的周边海域安全航行。

1900 年 12 月 26 日，“赫斯珀洛斯号”救援船载着补给品前往弗兰南群岛，发现那里的灯塔没有点亮。船长用雾号和信号弹尝试联系灯塔看守，但岛上无人回应。灯塔看守干吗去了？

“赫斯珀洛斯号”派出一支搜索队上岛调查。在灯塔内部，他们发现床铺凌乱，而且几天都没有生火。最匪夷所思的是，三套雨衣中有两套不见了，剩下的一套却仍然挂在钩子上。

灯塔看守下落不明。

搜索队把几个小岛都翻了个遍。他们发现有一段铁轨被从路基上拔了出来。这是不是能证明岛上遭到过巨浪袭击？也许灯塔看守被巨浪卷进海里了……

然而，铁轨损坏的地方足足比海平面高出 25 米，当地也从来没有记载过如此之高的海浪。更何况，如果他们真的遇到了那么大的暴风雨，剩下的那套雨衣为什么仍然挂在钩子上呢？

失踪的女明星

20 世纪初，英国女演员玛丽 · 恩普雷斯被誉为“照片里最美的女人”。为了在刚刚兴起的好莱坞扬名，她从英国移居美国。

1919 年 10 月 16 日，玛丽在造访英国后乘坐邮轮“奥尔杜尼亚号”返回纽约。可是，当 11 天后邮轮抵达美国时，玛丽却不在船上。

人们对邮轮展开了搜查。他们发现玛丽的房间被从里面锁上了，可是打开门之后，还是没有发现她的踪影。送进房间的晚餐一口没动，她的床也没有睡过的痕迹。另外，房间的舷窗只有 30 厘米宽，根本不够一个人钻出去。

女明星消失得无影无踪。

“奥尔杜尼亚号”的乘客都知道这位女明星的鼎鼎大名，如果她在人来人往的邮轮上走动，肯定会有人注意到。可是，竟然没有一个人在那次航行的最后一夜见过她。

在她的房间里，调查人员发现了一份她在船上发给某家酒店的电报，内容是预订客房。显然，她已经做好了在纽约下船的准备。奇怪的是，公众似乎对这位女明星失踪的事情并不担心。新闻传开之后，人们还以为这只是炒作，她后来肯定会出人意料地在某个豪华聚会上现身。可惜那一幕并没有发生。玛丽随船运输的行李箱无人领取，再也没有人见过她本人。全世界都想知道，在那趟横渡大西洋的航行中到底发生了什么。

真实还是虚构

故事虽然精彩，可是背后有几分是真？

一个有着尖尖的白牙，喜欢在夜里出没的吸血鬼。

德拉库拉

1897 年，爱尔兰作家布拉姆 · 斯托克出版了小说《德拉库拉》。这部作品不仅堪称有史以来名气最大的恐怖小说之一，论起恐怖程度也数一数二！斯托克笔下的不死者之王德拉库拉伯爵是一个令人不寒而栗的吸血鬼，有着尖尖的白牙，喜欢在夜里出没，抓人吸血。可是你知道吗？历史上还真的有一个嗜血狂人“德拉库拉”。

这个德拉库拉就是 15 世纪的瓦拉几亚（罗马尼亚历史上的一个公国）大公弗拉德三世。因为他的父亲加入了神圣罗马帝国龙骑士团，这个秘密组织人称“德拉库”（在当地的语言里是“龙”的意思），所以弗拉德三世被称作“德拉库拉”（意思是“龙之子”）。历史上并没有关于弗拉德三世饮血的记载，但是他确实经常跟血打交道。弗拉德三世曾经把敌对者钉在尖木桩上，立在地里任其腐烂，所以被人们叫作“穿刺公”弗拉德！

大约 120 年前，研究人员曾经发掘弗拉德三世的坟墓以研究他的遗骨，结果发现里面竟然没有尸骸。于是又有传言说弗拉德三世真的是不死者之王。

女教皇琼安

罗马天主教会的最高领袖叫作教皇。最早的教会首领圣彼得可以追溯到大约 2000 年前，从他开始每一任教皇都是男性，但在民间传说中却有一个例外。几百年前，民间曾经私下议论过女教皇琼安的故事。据说她生于 9 世纪，一心渴望念书。要想在那个年代接受教育，最好的办法便是加入教会。于是，她就换上宽松飘逸的长袍冒充修士，没想到从此在教会里步步高升。终于，在 853 年，她当上了教皇。

整整两年，她的伪装都维持得天衣无缝。可惜事不凑巧，后来在一次巡游罗马的途中，她却因为疼得直不起腰而露馅了。这是怎么回事？人们惊恐地发现，教皇竟然当街生了个孩子……这一下，纸再也包不住火了。

这个故事有没有可能是真的呢？的确，一千年前的妇女几乎毫无自由可言，所以她们大概只有乔装打扮成男人才能获得受教育的机会。可是问题来了：关于琼安的历史记载全都出现在她去世几百年后，这在历史学家看来并不可信。

亚瑟王

对英国人来说，亚瑟王是一位民族英雄。英勇善战、侠肝义胆的他，曾经带着一群人称圆桌骑士的追随者赶走了英国的恶敌。可是历史上真的有这个人吗？

据说在 5 世纪或 6 世纪时，的确有一个叫亚瑟的不列颠人率领一众勇士抵抗过入侵者。当时没人为他著书立传，可是几百年后，他的事迹却开始出现在各类史书之中。到了 12 世纪，亚瑟的传奇才真正大放异彩。

历史学家蒙茅斯的杰弗里给亚瑟的故事增添了魔法师梅林等角色，还引入了石中剑等传说元素。其他作家继续发扬光大：亚瑟的追随者成了圆桌骑士，他们的大本营叫卡美洛城堡，他们的作战对象扩展到了龙、巨人乃至各种妖魔鬼怪。很快，亚瑟的故事变成了奇幻故事。

总而言之，历史上很有可能真的存在过一个叫亚瑟的勇士，但是关于他的故事有几分是真就无从知晓了。

消失的村庄

一个村庄的人可不会随随便便消失掉……对吧？

罗阿诺克岛

罗阿诺克岛是一个位于美国北卡罗来纳州近海的弹丸小岛。1587 年，有一百多人从英格兰乘船前往当地，打算在美洲建立英国的第一个殖民定居点。那是一次前途未卜的旅行，困难重重，举步维艰。后来，他们在这个岛上定居下来，建起了一个村庄。由于新生活过于艰苦，刚刚撑过几个星期，村长约翰·怀特就决定回英国补充必要物资。

约翰花了三年时间才重返罗阿诺克岛。当他回到罗阿诺克岛时，他发现整个村庄的人都消失了。看起来约翰的家人和朋友已经收拾好行李，有条不紊地离开了。但是，他们去了哪里呢？

整村的人都消失得无影无踪。

唯一的线索是刻在树上的一个单词：CROATOAN（克罗坦）。克罗坦是附近的另一个岛，也是那个岛上的土著部落的名字。难道说定居者们到那边求助了？约翰本想乘船去一探究竟，却因为一场凶猛的暴风雨而无法成行，最后只好返回英国。

多年来有不少探险家和考古学家前往该岛寻找线索。兴许来自英国的定居者跟克罗坦人相伴为邻了？四百多年前罗阿诺克岛的居民究竟出了什么事？直到今天，也没有一个人能给出答案。

幽灵船

大海是一个容易让人晕头转向的地方，人在海上一不小心就会遇到麻烦。

玛丽·赛勒斯特号

1872 年 11 月 7 日，“玛丽·赛勒斯特号”从美国纽约扬帆起航。自从十年前建成以来，这艘船就被各种意外事故缠身，以至于成了小有名气的厄运之船。此次航行的目的地是意大利的热那亚，乘员除了船长本杰明·斯普纳·布里格斯夫妇和他们两岁大的女儿，还有七名船员。

出发一个月后，另一艘船“承蒙天恩号”的水手发现了“玛丽·赛勒斯特号”。当时它距离欧洲有至少 1500 千米远，而且正在漫无目的地随波逐流。“承蒙天恩号”派出一些船员登上“玛丽·赛勒斯特号”调查，结果发现了一个直到今天都无法解释的谜……

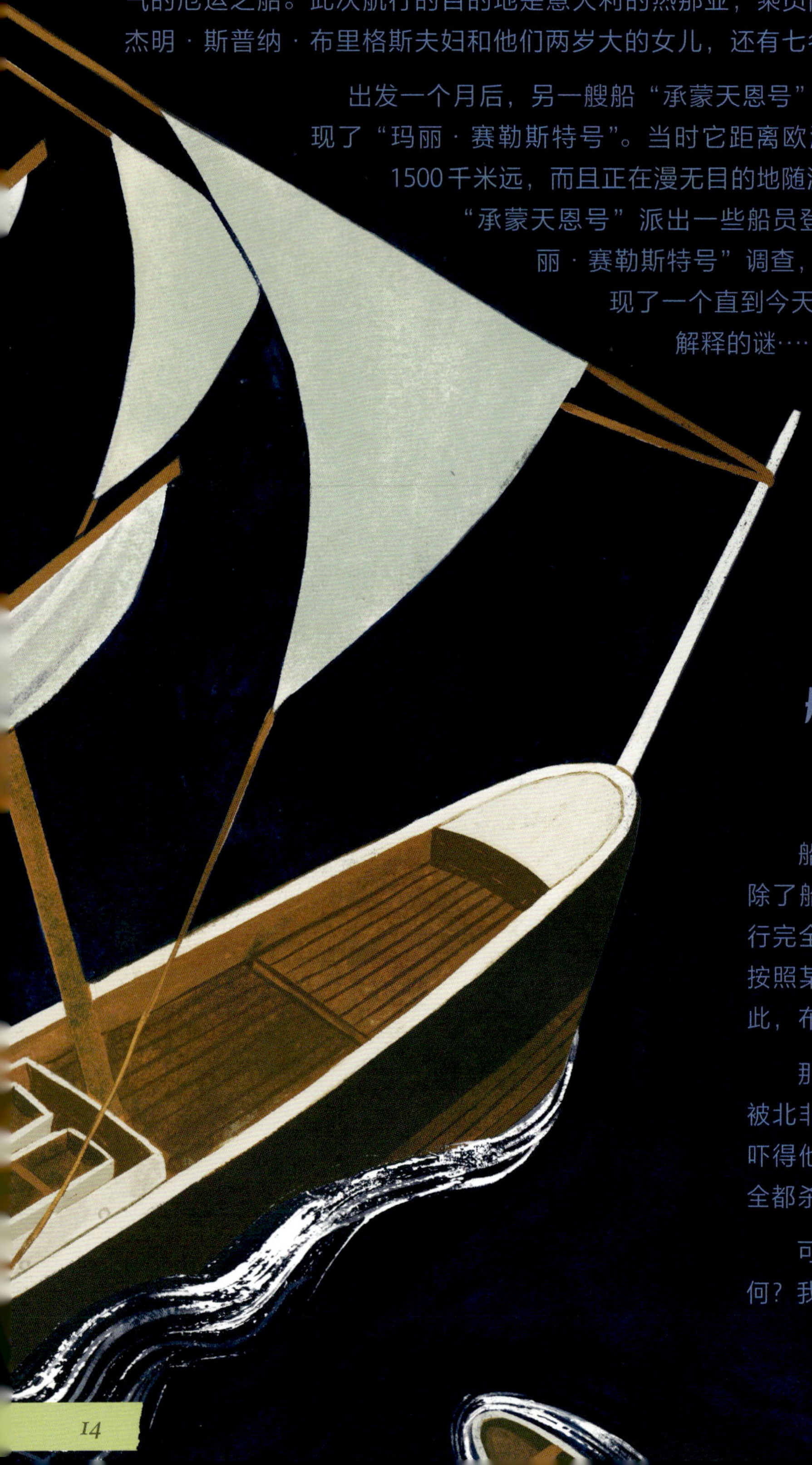

船上空无一人。

船上有一艘救生艇被人开走了，还有若干导航设备不见了。可是，除了船身因为风吹雨打稍有磨损之外，整艘船仍然状态良好，继续航行完全没有问题。另外，船上既没有打斗的痕迹，也没有失火的迹象。按照某些故事的说法，桌子上甚至还有茶和吃了一半的早餐。尽管如此，布里格斯船长和他的家人还有船员却下落不明。

那么，他们为什么要弃船呢？人们对此众说纷纭。有人说这艘船被北非海盗袭击了，有人说是遭遇了大风暴，有人说可能是海底地震吓得他们弃船而逃，甚至还有人认为是“承蒙天恩号”的船员把他们全都杀害了。

可是细究起来，这些说法都找不到任何证据来证明。真相究竟如何？我们可能永远都不得而知……

飞翔的荷兰人

1881 年，威尔士亲王乔治（后来的乔治五世）在英国皇家海军的一艘军舰上服兵役时，在澳大利亚的近海看到了奇观：朦胧的夜色之中竟然出现了一艘发红的幽灵船。

1939 年，在南非开普敦的一处海滩上，一艘船当着十来个人的面径直驶向陆地，一头冲进沙里，接着在片刻之后又消失了。

类似的诡异目击事件还有很多。据说，有一艘名叫“飞翔的荷兰人”的船因为受到诅咒，要永远在海上航行下去。更可怕的是，相传别的船的船员只要看见它，就会大祸临头。

那艘船是什么来头呢？据说它的船长是一个叫亨德里克 · 范德戴肯的荷兰人。17 世纪的某一天，他的船从印度尼西亚载着丝绸和香料开往荷兰，结果在接近南非的好望角时遭遇了狂风暴雨。船员们恳求船长掉头返航，却被一口回绝。更糟的是，船长还向船员们下令，哪怕要在海上航行到世界末日，也一定要驶过好望角。没想到……

飞翔的荷兰人和它的船员真的要航行到世界末日？

这些神秘事件还有其他的解释吗？在海上待久了，人们可能会产生幻觉。另外，异常的大气状况、空气中的水分乃至温度的变化都能引起一种叫海市蜃楼的奇特景象。海市蜃楼发生时，原本位于视野范围边缘的船可能会看起来近得出奇，有时甚至看起来像是浮在水面上空。这些景象再加上水手的迷信，就成了神秘故事的完美素材。

天外来客

UFO 原来并不少见……这么说，是外星人来串门了吗？

UFO 是“不明飞行物”的英文缩写。它们形态各异，有的像光球，有的像旋转的碟子，还有的像雪茄。不过，它们都有一个共性，那就是无法用人造物来解释。许多人相信，这些奇怪的物体可能是外星人的太空飞船。多年来，美国政府已经花费了数以亿计的资金来调查它们。

真的有外星人存在吗？谁也没法给出确切的答案。不过，你可以看看下面这些 UFO 目击事件，然后得出自己的结论。

日本航空 UFO 事件

1986 年，当一架日本航空公司的飞机从美国的阿拉斯加州上空飞过时，机上的飞行员惊讶地发现，夜空中竟然有两个 UFO。虽然在夜色中难以辨认具体形状，但是两个 UFO 都有巨大的、发光的火箭推进器，而且推进器的功率非常强大，连飞行员的脸上都能感受到它的热浪。和飞机相伴飞行了 10 分钟之后，两个 UFO 突然下降，消失在视野中。没想到，接下来更加不可思议的东西登场了：据机长寺内健司描述，那是一个“比航空母舰还要大一倍”的飞行器。然而，等军方的飞机赶到现场时，所有的 UFO 早就不见了。

普罗旺斯特朗地区事件

1981 年的一天，雷纳托 · 尼古拉在法国南部的农场里干着活，突然看到了一番奇景：地面上方几米高的空中悬着一个像两个碟子扣在一起、大小跟小轿车相当的 UFO。它在那里待了 30 秒，然后就升到树冠上方，飞走了。雷纳托立刻跑去飞碟停留过的地方，却只看到一片烧得焦黑的草地。科学家分析了那片草地之后，发现其中含有少量非同寻常的化学物质，而且那里的草曾被 300 摄氏度的高温烘烤过！

“尼米兹号”事件

2004 年，美国海军飞行员大卫·弗拉沃驾驶喷气式战斗机，从“尼米兹号”航空母舰上升空执勤。此前有多起报告称美国圣迭戈附近的海域上空出现了一个 UFO，他的任务便是前去调查。飞了几分钟后，大卫发现海上有一处水面不平整，于是飞上前查看。突然，一个菱形 UFO 不知从哪儿冒了出来。大卫还从没见过这样的东西。没有机翼，也没有明显看得出是发动机的东西，那它究竟是怎么腾空而起的？还没等大卫上前拦截，弄清是什么人或什么东西在操纵它，那个物体就嗖的一下飞走了，速度足有声速的三倍！

突然，一个飞行物不知从哪儿冒了出来。

曼斯菲尔德直升机事件

1973 年，美国俄亥俄州的一架陆军直升机险些撞上了 UFO。起初，直升机驾驶员拉里·科因少校看见天边有一道红光时，他并没有多想。哪知道那道光竟然开始加速，径直向他飞来！拉里使出浑身解数操纵直升机降落，但他知道已经来不及了，于是便做好了迎接撞击的准备。奇怪的是，那个形状像雪茄的 UFO 并没有撞上直升机，而是悬停在了直升机的上方。拉里继续尝试降落，结果发现自己非但没有下降，反而在上升——因为他的直升机正在被那个 UFO 拉过去！一阵颠簸过后，直升机稍稍下坠，而那个奇怪的 UFO 则不见了踪影……

邂逅外星人

这些人说自己不光看到过 UFO，还上去过！

罗伯特 · 泰勒

1979 年 11 月的某天早上，在苏格兰的爱丁堡郊外，护林员罗伯特 · 泰勒（平时大家都叫他鲍勃）带着他的狗拉拉跳上面包车，开始了一天的工作。他像平时一样前往森林，检查那里有没有走失的牛羊。

进入森林后，拉拉跑进了矮树丛，鲍勃则走向一片空地。就在这时，一束明亮的光线突然击中了他，他发现前方居然有一个跟大象一样大的飞碟，由灰色的金属制成，上面有一圈推进器。

接着，两个带刺的球体从飞碟里落到了草地上。它们好像知道鲍勃在附近似的，径直向他滚来。两个球体各用一根刺钩住鲍勃的裤腿，一阵难闻的煳味包围了他……

鲍勃发现飞碟正在把他拽过去……

鲍勃当场晕了过去。醒来之后，他听见拉拉狂吠不止，但不速之客已经不知去向。鲍勃的裤子破了，小腿上有划伤，而且头痛欲裂。后来，鲍勃在和警方一起检查那片空地时发现，那里的草都被压平了，好像有什么重物经过一样。另外，地里还有一连串小洞，估计是那两个带刺的球体留下的。

苏格兰的那片区域每年都会发生几百起 UFO 目击事件。而鲍勃会不会比其他人都“幸运”，曾经被请到 UFO 上去做客？

希尔夫妇

1961 年 9 月的某个深夜，巴尼 · 希尔和贝蒂 · 希尔夫妇在驱车穿越美国的新罕布什尔州时，发现天上有一团明亮的光。那团光越来越近。更诡异的是，它好像在跟踪他们。很快，他俩就依稀辨认出那是一个奇怪的飞行器，形状像个巨大的煎饼。它到底是什么东西？

“煎饼”越飞越低，最后干脆悬浮在他们的汽车上方。巴尼踩下刹车，决定出去看个究竟。他看见飞船的玻璃窗后有几个灰色的身影，还看见一个坡道从“煎饼”底部延伸过来。巴尼预感这些不速之客想要带走他和贝蒂，赶紧跳上车打算逃走。这时，一阵怪异的噪声包围了他们，他们全身一阵酥麻，接着就不省人事。

两小时后，夫妻俩在另一条截然不同的路上醒了过来。他们发现自己的衣服被撕开了，鞋子也损坏了，而且身上满是粉红色的细灰，车上也到处是亮闪闪的奇怪标记。更糟的是，他们怎么也想不起来之前发生过什么。

后来，巴尼为了找回记忆，接受了催眠治疗。他对催眠师说，自己被带上了那个飞行器，并且和贝蒂一起被长着大眼睛的人形生物研究过。那些生物从他们身上收集了一些头发和指甲的样本，还窥探过他们的耳朵和嘴巴，似乎想弄清人体的运作原理。巴尼还记得自己用意念和那些绑架者交流过。最后，天外来客在清除了巴尼和贝蒂的记忆之后，才放走了他们。

这两个离奇事件真的发生过吗？鲍勃 · 泰勒还有希尔夫妇都坚持说确有其事。

外星人存在的证据

外星人已经来过地球了吗?

哇!

SETI 是“搜寻地外文明计划”的英文缩写。换句话说，它是一个寻找外星人的项目！SETI 的科学家们监听宇宙中的无线电信号，借此判断地球之外有没有其他的智慧生命。他们用来倾听宇宙的顺风耳叫射电望远镜，这些长得像大锅的设备可以捕捉到宇宙深处极其微弱的信号。由于行星和恒星也会发射无线电波，导致宇宙环境十分嘈杂，要想从中找出非同寻常的信号难度很大。为了方便研究人员迅速地识别异常信号，“大锅”监听到的东西都会被记录下来。

SETI 的科学家们在项目启动后的许多年里一无所获。终于，在 1977 年 8 月 15 日这天，天文学家杰里·埃曼在查看美国俄亥俄州的“大耳”射电望远镜收集到的数据时，发现了令他难以置信的东西——一个持续时间超过一分钟、信号强度比 SETI 项目探测到的所有信号都要强 30 倍的无线电信号。杰里兴奋不已，随手拿起红笔在数据上画了个圈，然后在旁边写下一条批注：“哇！”从此，这个信号就被称作“哇！”信号。

那个信号究竟是不是外星人发出的呢？直到现在也没有人能给出确切答案。在那之后，我们就再也没有听到过如此特别的信号了。我们只知道，宇宙那么大，很有可能存在其他的智慧生命……

有外星人住在美国吗?

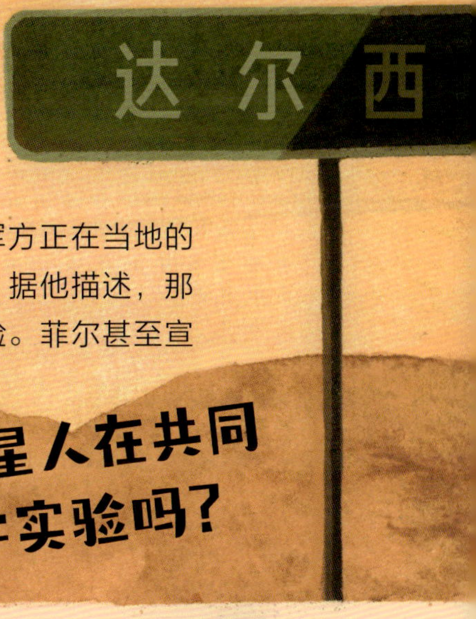

达尔西是美国新墨西哥州的一个小镇。20 世纪 70 年代，当地的人们开始频繁地看见 UFO 和美军的直升机飞过头顶。这是怎么回事?

UFO 爱好者保罗·本内维茨认为那片区域一直有异常的无线电信号发出，而且他深信美国军方正在当地的一处秘密地下设施里跟外星人合作。另一名 UFO 爱好者菲尔·施耐德则说自己就在里面工作过。据他描述，那里的地下有一座七层楼高的综合设施，可以供 UFO 起降，人类和外星人在其中共同开展科学实验。菲尔甚至宣称，有个外星人用激光枪朝他射击，害得他失去了三根手指!

这些都是真的吗? 达尔西附近没有任何迹象能证明地下基地的存在。那里道路稀少，既没有停车场和通往地下的门，也没有通风管道……然而有人认为这恰恰说明了问题。要不然怎么叫秘密设施呢!

人类和外星人在共同开展科学实验吗?

有 UFO 在地球上坠毁过吗?

1947 年 7 月，威廉·布雷泽尔在美国新墨西哥州罗斯威尔镇的一个牧场里发现了一些非同寻常的垃圾。布雷泽尔把那些锡箔、木头和橡胶条拿给陆军少校杰西·马塞尔看，对方随后对现场调查了一番。第二天，当地报纸的头条就宣布发现了坠毁的飞碟!

美国军方很快就否定了这个说法。他们说那些材料来自一个高纬度气象气球。可是人们却认为这是在掩盖真相。相信 UFO 存在的人甚至宣称，军方还在飞碟的残骸里发现了坠毁时死亡的外星人。

UFO 研究者们相信，飞碟的残骸和外星人的尸体都被运到了“51 区”。那是一座位于美国内华达州的秘密军事基地。据说，那里的工程师为了弄清外星人的科技研究过飞碟，而医学专家则为了了解外星人的生理特性检查过尸体 。

对于以上说法，美国军方一概否认。

天上的光

大多数天光现象都很容易解释，
可是时不时地，天上总会出现一些让人百思不得其解的光。

光柱

光柱就是从地面射向高空的柱状的光，看上去好像有人在用强光手电筒照耀夜空。这种现象在城市里很难看到，因为城市里明亮的光源太多。不过，在路灯较少的乡村地区，有时能在晴朗而寒冷的夜里看到这种现象。那时的夜空看起来如同一片灯光组成的森林。

乍一看，你可能会以为这些光柱是某种超自然现象，或者是外星人在标记前往地球的航线。然而，这种美丽的自然现象其实是冰的杰作。

在温度足够低的情况下，空气里的水分会凝固成小冰晶。如果冰晶的形状合适（边缘平整），它们就能像小镜子一样把光线反射回地面。空气中的小冰晶越多，反射的光线也越多，那时附近的人就会看见鬼影般的光柱直刺夜空。

极光

极光是出现在地球南北两极附近地区的天空中摇曳多姿的彩色光带。在古代神话里，极光是通往其他世界的桥梁。可是，它们到底是什么呢？

其实，极光是太阳带电粒子流击中地球大气层后产生的现象。我们的地球拥有一层强大的磁场，它能把太阳发出的粒子扫向两极地区。带电粒子在那里和大气层中的分子或原子相撞，会以光的形式释放出能量。这就是我们看到的极光。

虽然科学家已经对极光的形成原理了如指掌，但是看着这些红色、蓝色和绿色交会的光带在夜空中舞动，依然是一种梦幻的体验。难怪人们曾经相信极光是通向其他世界的通道呢。

峡谷上空日夜都有光球悬浮。

赫斯达伦之光

挪威的赫斯达伦山谷怪事不断。近一百年来，当地人发现山谷上空日夜都有光球悬浮，每个光球都有一辆轿车那么大，每次悬浮的时长为几小时。有些人相信这一定是外星人在作怪。可是，能不能用科学的方式给出更合理的解释呢？

经过多年调查，人们提出了许多理论。其中一种认为整个山谷相当于一个巨大的电池，它强大到足以把空气团变成发光的球体。这个匪夷所思的理论依据的是当地河流中的岩石种类。也有研究人员相信宇宙射线（太阳喷射出的微小的高能粒子）才是元凶。还有一种理论认为，当地的天然辐射产生了等离子球（等离子是一种能量致密到发光的类似气体的物质）。对于光球的成因，专家们仍然没有定论。也许某一天，我们会发现它们真的就是外星人的杰作呢！

天降奇物

下雨并不稀奇，可是遇到这样的雨就是另一回事了。

血雨

2001 年，印度南部的喀拉拉邦连续下了三个月血红色的雨。这种奇怪的现象在历史上发生过不止一次。由于人们往往认为这种现象是凶兆，预示着可怕的事情将要发生，所以当地居民担忧不已。

科学家们以前就检测过类似的“血雨”的成分，结果发现那并不是血，而是由红色的灰尘造成的。比如非洲撒哈拉沙漠等地的强风会把沙尘卷到高空的大气层，沙尘混入云团，最后变成红色的雨水落下来。

然而，研究喀拉拉邦血雨的科学家却惊讶地发现，那里的“血雨”既不是真的血，也不是沙尘形成的！更糟的是，他们还在雨水里发现了生物，而且是他们从没见过的生物。

这是怎么回事？早在喀拉拉邦下血雨之前，就有科学家报告说，一个神秘的外星物体在地球的大气层上方爆炸了。这两件事之间会不会存在联系？血雨难道是外星人发动的攻击？

研究人员更加仔细地检测了一番，结果发现血雨里面含有地衣的孢子（地衣是真菌和藻类共生的植物）。然后他们又在喀拉拉邦的树上发现了同样的地衣。看来这并不是什么外星人入侵。可是，地衣的孢子是怎么上天的？这个问题科学家仍然没有答案。

果冻雨

想象一下，早上起来后发现自家院子里到处都是怪异的果冻，那是什么感觉？2009 年，苏格兰彭兰地区的人们还真的经历了这样的怪事。他们发现，那种奇怪的、抖动的白团子不光地里有，甚至连树上都有。它是什么？从哪里来？

人们曾经相信这种“果冻”是在陨石撞击地球大气层时产生的，还给它起了个名字叫外星果冻。然而，对于其真实身份，我们直到今天也没有取得任何进展。科学家们有的怀疑它是天外来客，有的认为是蛙类的残骸或者蛙卵，有的认为是某种黏菌，还有的认为是苔藓虫——一种聚在一起可以组成果冻状群落的水生生物。这些理论中的任何一种都有可能是正确答案，可是它们依然没有解释为什么会天降果冻。

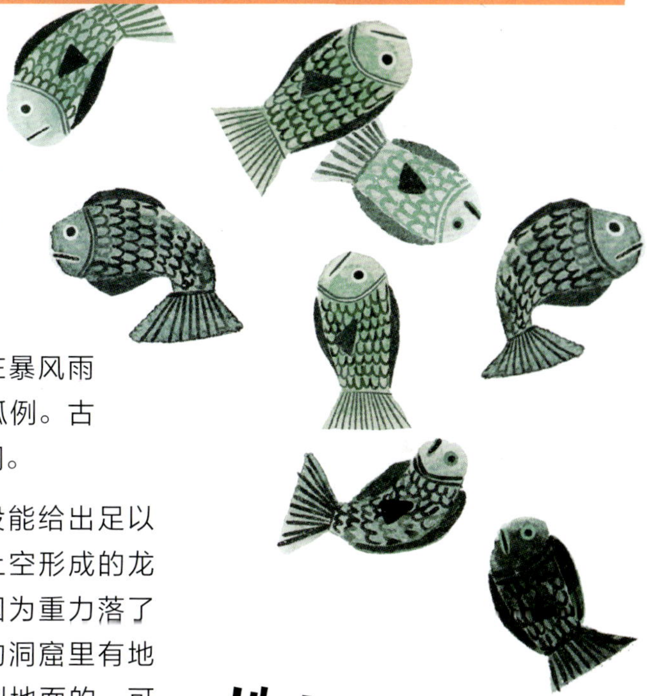

鱼从天降

1855 年，在洪都拉斯的约罗小镇，人们穷困潦倒，食不果腹。于是，一个名叫何塞 · 曼努埃尔 · 苏维拉纳的神父便诚心祷告，希望能出现一场奇迹给人们带来食物。三天之后，一场巨大的暴风雨袭击了小镇。雨过天晴后，小镇的地上竟然散落着几百条银色的鱼。这下有吃的啦！

过去 100 年来，约罗镇的人们每年都要庆祝“鱼雨节”，而且有时在暴风雨过后，那里的街上仍然会出现活蹦乱跳的鱼。约罗镇发生的事情并不是孤例。古往今来，从古希腊到澳大利亚，世界上的不少地方都有过鱼从天降的传闻。

这真的是奇迹吗？大部分专家认为不是。不过，他们没能给出足以解释这种奇怪现象的科学理论。有的人认为，是附近湖泊上空形成的龙卷风把水和鱼卷到了天上，上去的总会下来，最后它们就因为重力落了下来。也许那些鱼压根儿就不是从天上来的？约罗镇下方的洞窟里有地下河，它们有时会在大雨过后涨水，鱼可能就是那时被推到地面的。可是问题来了，如果专家的理论是对的，那街上散落的怎么全是银色的鱼，不是应该多种多样吗？

地上竟然散落着几百条银色的鱼。

地球上的神秘区域

有人说，地球上的某些地方存在神秘的能量……

马皮米静默区

1970 年 7 月 11 日，一枚 7 吨重、5 层楼高的火箭从美国犹他州的一个军事基地发射升空。那是一枚试飞的火箭，原本应该飞向新墨西哥州的某个空军基地。然而，火箭的导航系统出了问题，导致它没能飞向原定的着陆地点，而是坠毁在了墨西哥马皮米沙漠的奇瓦瓦镇附近。

为了防止火箭落入他人之手，美国政府迅速派出回收队去寻找。回收队进入马皮米沙漠后，发现他们的无线电和对讲机全都失灵了。经过几个星期的搜索，他们总算找回了火箭。美国军方完成任务后就离开了，但是无线电失灵之谜却留存至今。

据说电子设备一进入那枚火箭的坠毁地点所在区域就无法运作。美国的火箭大概就是因此坠毁的。当地还发生过其他的异常现象，比如动物和植物长得比正常的同类大得多，指南针失灵，地上到处都是陨石，关于 UFO 的目击报告也不少，许多人甚至相信自己在那里看到过外星人。这到底是怎么回事呢？

有些人认为，当地的土壤中含有非同寻常的矿物，所以会散发出一种奇特的“地能”。他们也无法解释这种能量的本质和作用原理，只知道它是一股强大的力量。还有人提出了不同的看法，他们认为所有故事都是当地人捏造的，目的是吸引游客，促进当地的经济发展。

到底是神秘莫测的未知能量，还是充满铜臭味的旅游陷阱？要想弄清真相，你得先亲自去走一走！

百慕大三角

1945 年 12 月 5 日，5 架军用飞机从美国佛罗里达州的基地升空。飞到海上后，事情很快就变得不对劲了。驾驶舱里的仪表盘和控制设备接连出现异常，导致飞行员既不知道自己在哪里，也不知道飞行高度是多少。他们困惑不已，连掉头返航的方向都无法确定。

燃料逐渐耗尽，飞行员们开始用无线电呼救。他们得赶紧找到陆地降落才行。一架救援飞机奉命去寻找他们，结果同样失踪了。

6 架飞机和 27 名机组人员全都下落不明。

这还只是发生在百慕大三角的许多悲剧之一。百慕大三角是位于英属百慕大群岛、美国佛罗里达州海岸和波多黎各之间的三角形海域，充满了神秘未知的色彩。多年来，已经有数以百计的船只和飞机在这片区域失踪了。问题是，为什么？

各种离奇的说法层出不穷。有的说是因为超自然力量，有的说是因为地磁异常，也有的说是因为海底陷坑——那里有海底火山喷出炽热的易燃气体。

不过，研究人员相信他们最终还是找到了答案：的确有许多飞机和船只在百慕大三角遇险，但是原因其实并不难确定。那里本来就是一片危险区域，转眼的工夫就能刮起风暴。更重要的是，那里还是一片交通非常繁忙的区域。既然经过百慕大三角的飞机和船只特别多，在那里遇险的飞机和船只自然也多了。

奇石

对于这些神秘的石头，我们还没能得出一个像石刻一样的定论。

会走路的石头

1915 年，淘金者约瑟夫·克鲁克怀着发财的梦想来到了美国的内华达州。他在死亡谷探索一处干涸的湖泊时，无意中看到了不可思议的东西：地面上有一些摩擦出来的长长的轨迹，看起来似乎是石头在湖床上移动时留下的，可是附近却没有脚印……

这些石头肯定自己移动了。

有些石头很大，应该不可能被风吹动。更何况，那些轨迹有笔直的，有弯曲的，甚至还有中途急转弯的。这是怎么回事？

多年来，人们对此一头雾水。20 世纪 70 年代，一组地质学家给那里的 30 块石头分别取了名字，然后开始记录它们的行踪。在最初的 12 个月里，其中的 10 块石头移动了。叫“玛丽－安”的那块移动了 65 米，最小的“南希”移动了 201 米，还有一块叫“卡伦”的石头干脆逛丢了！

几十年后，人们又用有运动感应功能的摄像机来追踪这些会走路的石头。结果发现，冬季的时候，当地的池塘会一夜之间结冰，然后在第二天早上融化。那时，池塘表面的大块浮冰在风力作用下，会像推土机一样推着一部分石头在泥泞中滑行。尽管这似乎可以解释较小的石头为什么会移动，但谁也没有见过风把较大的石头挪动过哪怕一寸。

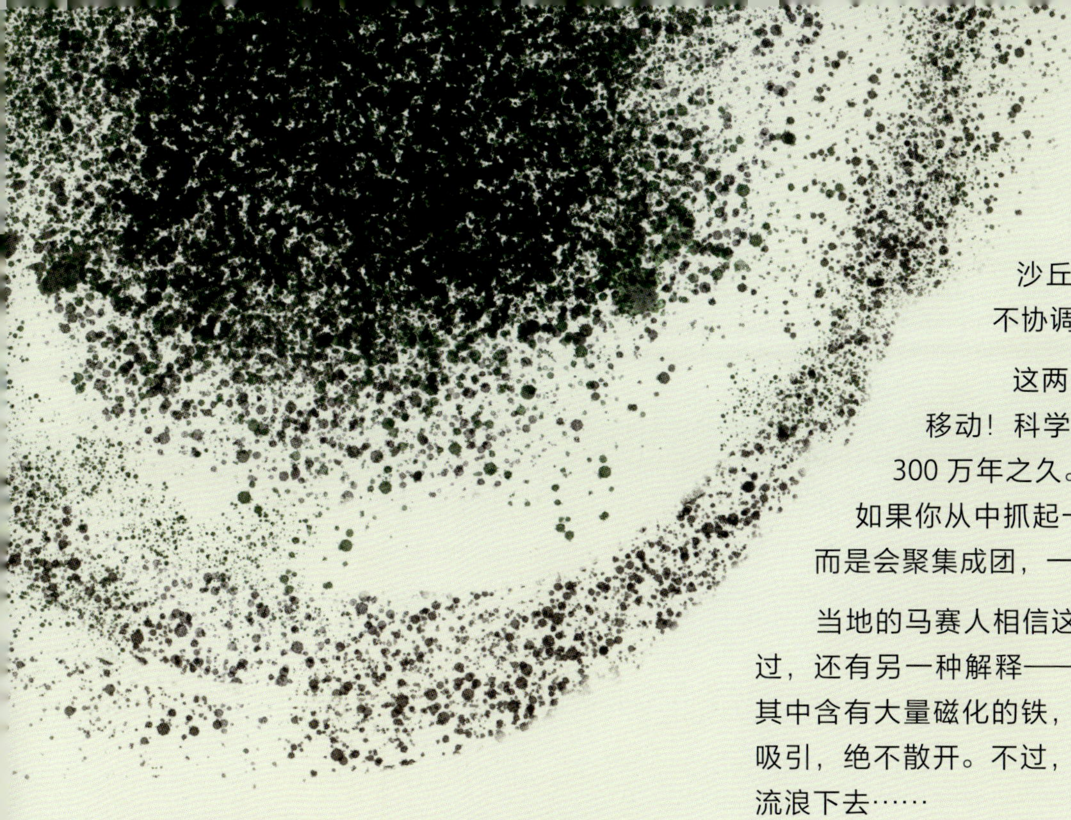

会迁移的沙丘

非洲坦桑尼亚的奥杜瓦伊峡谷有两个黑色的大沙丘。它们不光比周围的沙丘颜色深得多，看上去很不协调，而且还会“做出”一些十分古怪的事情。

这两个新月形的大沙丘居然会以每年超过 10 米的速度移动！科学家们相信，它们已经在非洲的稀树草原上漫游了 300 万年之久。更诡异的是，这些沙丘里的沙子总是团在一起。如果你从中抓起一把扔到空中，那些奇怪的黑色小颗粒不会散开，而是会聚集成团，一起降落在地。

当地的马赛人相信这些沙是神圣的，来自附近的神山伦盖伊火山。不过，还有另一种解释——研究人员发现，这些沙丘里的沙由火山灰构成，其中含有大量磁化的铁，所以就算被风吹起，这些沙也会因为磁性而互相吸引，绝不散开。不过，它们倒是会一粒一粒、一寸一寸地在平原上永远流浪下去……

会唱歌的石头

美国宾夕法尼亚州的上布莱克埃迪镇因为有一支“石头乐团”而闻名。在镇上一处名叫响石公园的林间空地上，散落着数千个会“唱歌”的神秘岩石。它们的形状和大小各不相同，但是只要用锤子轻轻敲打，就会发出像铃声一般清澈的声音。

这些岩石由一种名叫辉绿岩的物质构成。虽然世界上其他地方的辉绿岩也有能够发出乐音的，但很少见。实际上，就连上布莱克埃迪镇的响石里面也只有三分之一可以发出悦耳的声音。那么，这些石头究竟有什么特别之处呢？

有些人相信石头发出的美妙乐音是超自然力量的杰作。他们声称，这些石头附近动植物稀少，表明那里有灵异活动。不过也有人反驳说，遍地都是巨石的地方本来就不适合野生动植物生存。

地质学家认为，最靠谱的解释可能跟这些岩石在地球内部的形成过程有关。现在，这一切依旧是一个自带配乐的未解之谜。

奇异的水

小心！前方有一头雾水。

神秘的沙漠湖泊

巴丹吉林是位于中国内蒙古自治区的一片沙漠。那里有世界上最大的沙丘，其中一些比美国纽约的帝国大厦还要高。在这片炎热干燥的沙漠中，在巨大的沙丘之间，竟然有一百多个湖泊。难怪人们为其取名“巴丹吉林”（在蒙古语里有湖泊的意思）。

沙漠中间怎么会有湖呀？

有些研究人员怀疑，这些湖泊里的水来自沙漠地下岩层中的裂缝和气孔，而且有可能已经存在了好几千年。也有人相信湖水来自几百千米之外，发源于沙漠周围的雪山。在那些高高的雪山上，冰雪融化后形成的水会渗进地下，最终一点一滴地汇入沙漠。

可是湖水为什么没有在干燥炎热的沙漠里逐渐流失呢？有些人认为这是因为当地的沙很细。这样的细沙遇水之后会聚集成团，形成黏糊糊的塞子，起到防止湖水干涸和让湖水留在原地的作用。无论这些湖泊究竟是如何形成的，它们都称得上是不折不扣的奇景。

血瀑布

在南极洲的边缘，你会看到一条仿佛在流血的瀑布一头栽进冰湖。自从 100 多年前被人们发现以来，这条 30 多米高的“血瀑布”的成因就一直是个谜。现在，科学家们相信他们已经解开了谜团。

那血红色的瀑布是泰勒冰川的一部分。泰勒冰川是一条缓慢移动的冰河，发源于一个位于地下 400 米处的冰湖。它花了 150 万年才爬到地表。然而，令人费解的是，这条冰川看起来和其他冰川没什么两样，其中的红色冰只是在到达地表后才变成血红色的。

虽然冰里面并没有血，但是让它变红的东西却的确是存在于血液中的物质——铁。这里的铁是被地下深处的冰川从富含铁的岩石上冲刷下来，然后慢慢带到地表的。铁接触到空气中的氧就会变为锈红色，使冰变成了血红色。

奶昔湖

澳大利亚西南部的某个小岛上有一个不可思议的湖。这个湖掩映在一圈树木之中，距离深蓝色的海洋只有几米远，但湖水却是粉红色的，看起来酷似草莓奶昔。可以肯定的是，那里的湖水就是如假包换的水，但是它的颜色为什么会如此与众不同，科学界众说纷纭。

马修·弗林德斯是一位研究澳大利亚海岸并且为其绘制地图的英国航海家。早在 1802 年，他就在著作中提到过这个湖，还用一个与他一同出海探险的朋友的名字，把它命名为希利尔湖。

可是湖水为什么是粉红色的呢？科学家们一致认为这是由微生物造成的，但是对于具体是什么微生物却意见不一。有些人认为是一种叫作杜氏盐藻的藻类，也有人把答案指向另一种被称为古生菌的生物，那是迄今为止发现的最古老的生命形式。这些单细胞微生物已经存在了 35 亿年，可能是地球上最早的生物。杜氏盐藻和古生菌都能产生类胡萝卜素，而胡萝卜、辣椒和番茄就是因为类胡萝卜素才呈现鲜艳颜色的。没想到，湖泊偶尔也能享受这样的福利！

怪圈

这些匪夷所思的圆圈让研究人员挠破了脑袋。

沙漠精灵圈

非洲纳米比亚的纳米布沙漠里点缀着一种被称作“精灵圈”的奇怪地貌。在一片大部分地面都被适应恶劣环境的灌木和草覆盖的沙漠中，竟然有成千上万个寸草不生的圆圈星罗棋布。从空中看，沙漠好像长了疹子似的。

当地的辛巴人说这些圆圈并不是什么精灵的杰作，而是穆库鲁神的足迹。当地还有一个神话提到了一条生活在沙漠下面的龙，它喷出的毒气杀死了生长在沙漠表面的植物。

那么，有没有更合理的解释呢？研究人员发现，每个怪圈下面都有一个白蚁群落。这些类似蚂蚁的生物见到植物的根就啃，导致所到之处只剩下光秃秃的地表。不过，由于白蚁群落之间势不两立，不断争斗，群落之间会产生没有白蚁生活的区域。在这些“无蚁区”，植物茂盛生长，而寸草不生的地方就成了不可思议的怪圈。

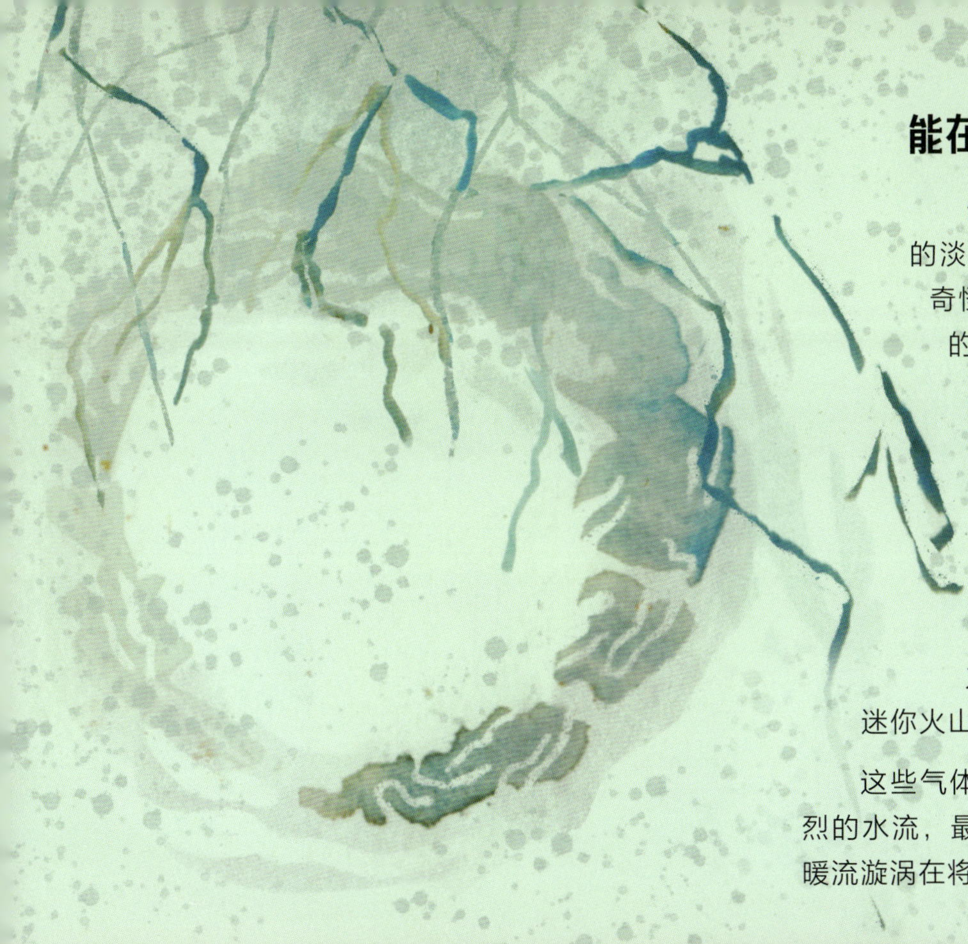

能在太空中看见的冰环

俄罗斯东西伯利亚地区的贝加尔湖是世界上最深、最古老的淡水湖。2009 年，国际空间站的航天员在那里发现了一些奇怪的东西。那里非常寒冷，冷到湖面上可以形成一米多厚的冰。可是，航天员从太空俯瞰地球的时候，竟然发现冰上刻着一些巨大的圆环，每个的直径都超过三千米。难道是什么巨人创造了它们？

在当地传说中，有一条水龙生活在冰下，而贝加尔湖就是它摇动巨大的尾巴劈开大地后形成的。那么，这些冰环也是由龙喷出的火焰创造出来的吗？科学家们钻透冰层，将照相机送到湖底探测了一番。结果发现，喷火的并不是一条龙，而是地球！原来湖床上散布着几十座迷你火山，它们从地球深处喷出炽热的气体。

这些气体会加热湖水。随着热水上升和冷水下降，水下产生了强烈的水流，最终形成巨大的暖流旋涡。航天员从太空中看到的，正是暖流旋涡在将其上方冰层融出的巨大圆圈。

这些麦田怪圈是什么造成的？

麦田怪圈

1978 年，英格兰南部的农田里出了件怪事：麦田一夜之间出现了奇怪的圆形图案。

为了弄清真相，人称“麦田圈学家”的调查人员在晚上露营蹲守，甚至架起有运动感应功能的摄像机来监视现场。是不是某种未知的自然现象造成了这些麦田怪圈？也许真相更加离奇：它们会不会是外星飞碟的着陆点？

多年来，人们陆续发现了数以千计的麦田怪圈。由于没有发现恶作剧者，加上大多数研究人员对外星人来访的可能性不屑一顾，调查人员便把怀疑对象锁定到了异常的天气上面，比如超小规模的龙卷风。

没想到，在麦田怪圈首次出现过了 20 年后，这个谜团终于解开了。农民道格·鲍尔和大卫·乔利坦白了一切：他们用简单的工具——绳子和木板——把麦子压平，创造出了最早的麦田怪圈。一些猜到这是恶作剧的人也跟风模仿。于是，这种现象就蔓延到了其他地方。

三人成鱼?

海里不光有很多鱼，可能还有别的大家伙!

海洋是一个幽深、黑暗而危险的地方，所以从人类开始航海的那一天起，关于海怪的故事就层出不穷。千百年来，人们自称遭遇过的海怪数不胜数。随着新的鱼类物种不断地被科学家发现，就算有一天我们得知某些可怕的怪物真的存在，那也不足为奇吧。

此处有海怪!

西方中世纪的地图不光会告诉你各个国家的方位，还会画出水手们认为隐藏在波涛之下的东西，所有海洋的危险区域都标有警告。在长达数百年的时间里，人们一直相信陆地上的每一种动物都有对应的“海洋版”生物，于是就有了海狗、海狮……甚至是海猪!

不过，这些地图上也会出现一些稀奇古怪的生物，比如半人马鱼，比如蛇、人和马的混合体，比如看起来像鲸鱼但是长着大獠牙的怪物，甚至还有夺命女妖塞壬——一种用歌声诱惑水手坠海的海妖。对了，还有著名的克拉肯海怪。

说起最让人恐惧的传说海洋生物，一定少不了克拉肯海怪。

克拉肯海怪是一只巨型乌贼，它大到足以把船只缠住之后拖下水。关于这种海怪的目击事件在斯堪的纳维亚半岛附近海域尤其常见。有不少故事都是这样描述的：水手们以为自己好不容易驶向了一个小岛，结果却发现那是等着猎物送上门来的克拉肯海怪。

现在听来，这些古代故事当然不足为信。随着口口相传，再真实的故事也会越传越离谱，最后成了神话传说的素材。那么，有没有年代较近的海怪目击事件呢？有！而且还不少！

潜艇大战海怪

第一次世界大战期间的某个傍晚，执行巡逻任务的德国 U 型潜艇 UB-85 号正在英国沿岸搜寻敌船。当潜艇浮上水面的时候，船员们突然听见一声沉闷的巨响，并且感觉水下有什么东西撞了潜艇一下。据说艇长京特·克雷希紧张不安地看着一只可怕的海怪从海里冒出来，爬上了他的潜艇。那家伙有着一个长角的小脑袋和大大的眼睛，牙齿在月光下映出森森寒光。

在怪兽的重压之下，潜艇很快开始下沉。京特艇长立刻下令开火。最后，怪物又溜回到漆黑的海水之中，可是 UB-85 号严重受损，动弹不得。第二天早上，英国皇家海军的战舰“金鸡菊 2 号”来到现场，德军官兵们这才如释重负地缴械投降，成功获救。

水下有什么东西撞上了潜艇。

大西洋惊魂记

约 50 年后，轮到英国军人邂逅深海怪兽了。1966 年夏天，约翰·里奇韦上尉和查伊·布莱思中士试图用一条划艇横渡大西洋。

在渡海中途的某个夜里，约翰突然发现划艇附近的海水在翻搅，还依稀看见水面下有什么东西在扭动。那东西起码有 10 米长，而且能在黑暗中发光。它时而绕着小艇游，时而潜到下方，似乎是在跟踪他们。约翰感觉随时要翻船，吓得不敢动弹。假如真的翻船，他俩必死无疑。好在那个神秘的生物最后游走了，只留下他俩一头雾水。

尼斯湖水怪

怪物并不是海里才有。如果你把脚尖伸进苏格兰的这个湖里，说不定会有惊喜。

为了一睹它的风采，每年都有成千上万的游客涌向苏格兰。

尼斯湖水怪是世界上最著名的水怪。据说它生活在苏格兰的腹地，那里不光有绵延的群山，幽暗的深湖，还充满了奇幻和神秘色彩，有着各种关于怪兽、妖精和鬼魂的故事。不过，大多数人虽然知道这些东西纯属虚构，但“尼西”（尼斯湖水怪的昵称）在人们眼里却似乎有所不同。

有些人甚至把一生都用在了寻找尼斯湖水怪上面。可它究竟是真实存在的动物，还是捕风捉影的传闻而已呢？想想看，尼斯湖有 36 千米长，200 多米深，确实可以容下一只水怪呢。

许多人都声称自己见过它。按照他们的说法，尼斯湖水怪有着长长的尾巴和脖子，圆润的躯干和四个大大的鳍状肢。这番描述倒是让专家们想到了一种巨型水生爬行动物，那就是蛇颈龙。可是问题来了，蛇颈龙早在 6500 万年前就灭绝了。

纯属虚构？

只有极少的证据可以支持尼斯湖水怪的存在。蛇颈龙和恐龙一样早就灭绝了，那尼斯湖水怪和别的远古巨兽有没有可能幸存下来呢？虽然听起来不可思议，答案却是肯定的。鳄鱼、鲨鱼和鲎都是跟恐龙同时代生活的动物，而它们一代接一代地繁衍了数千万年，至今仍然存在。只是它们跟尼斯湖水怪有个区别，那就是它们这么多年来并没有“避世隐居”。不过，就连这一点也有例外。

1938 年，人们发现了一条腔棘鱼。根据化石证据，我们知道这种鱼曾经跟恐龙生活在同一个时代。多年来，由于从来没有发现过活体，专家们以为它早就灭绝了。后来，非洲东南沿岸的一张渔网里突然冒出来一条腔棘鱼，证明这种鱼已经隐居了将近 7000 万年！既然腔棘鱼可以避人耳目存活至今，“尼西”说不定也能。

野家伙！

如果你今天去森林，搞不好会大吃一惊。

大脚怪

美国西北部的森林里，有什么东西在树林间神出鬼没。它像人一样用两腿直立行走，可是又比人高大得多，而且浑身上下覆盖着又厚又黑的毛。北美洲仅有的类人猿都在动物园里，那这个家伙是什么呢？

200 多年来，美洲土著之间一直流传着林中野人的故事。有的故事说它是一个偷走小孩的怪物，也有的故事说它只是一个人畜无害、离群索居的生物。美洲土著管它叫“萨斯夸奇”，现在我们管它叫大脚怪。

有什么证据能表明大脚怪真实存在吗？人们发现过比人类足迹大一倍的大脚印，还在灌木丛和荆棘间发现过据说属于怪兽的毛。许多人都相信自己在野外亲眼见过大脚怪，少数人甚至用摄影机拍到过它。1967 年，一对好朋友在加利福尼亚州的崖溪拍到了一段著名的短片，内容是一个毛茸茸的人形野兽沿着崖溪走动。不过，那到底是大脚怪，还是套上大猩猩戏服的演员呢？

雪人

雪人又叫耶提，也是一种传说中的人形怪兽，只不过传说它生活在喜马拉雅山脉的雪峰上。虽然当地早就存在和“冰川怪”有关的传说和民间故事了，可是直到 20 世纪初欧美探险家来到喜马拉雅山脉后，雪人的故事才真正流传开来。

人们在雪地里发现过巨大的脚印，有些探险者还自称亲眼看见过雪人。1942 年，一名男子描述了两个在他看来就是雪人的动物。据他描述，“它们的脑袋很方……胳膊很长，手腕长及膝盖”。这有可能是真的吗？喜马拉雅山脉的确是一个充满原始气息的地方，那里说不定真的有未知生物等着我们去发现呢。

幽威

幽威是一种身高 3 米，长着大脚，面似猿猴的生物，据说它生活在澳大利亚黄金海岸的偏远山区。澳大利亚土著从古至今都在讲述幽威的故事，关于它的目击事件直到现在仍有发生。2019 年，一个名叫加里的快递司机说，他在林中的一条废弃公路上停车后，一头“高高耸立的野兽”忽然蹦出来砸了一下汽车的发动机罩，然后就消失在了灌木丛里。

这起目击事件有可能是真的吗？

世界各地似乎都有当地流传的野人故事。这些故事是编出来吓唬人的，还是确有其事呢？如果这些生物真实存在，那为什么没有更多的证据呢？世上肯定不止一只大脚怪或者雪人吧？它们应该也有自己的家族或集体。那这些集体在哪里呢？现在几乎人人都有带摄像头的手机，可为什么这些生物的照片依旧模糊不清呢？

不过，我们也的确仍然在发现新物种。例如，山地大猩猩和科莫多巨蜥曾经是欧洲人从没听说过的陌生物种，直到 20 世纪初才变得广为人知。更不可思议的是，近些年还发现了一个体形相当于四岁儿童的人种——弗洛勒斯人。他们生活在 1.2 万年前。和人类的历史相比，1.2 万年不过是眨眼的工夫。这样看来，也许上面这些动物的存在并不是天方夜谭。

杀人怪物和半鱼半羊怪

当心，天黑后有奇怪的动物出没。

博德明高沼怪兽

博德明高沼位于英格兰西南部，是一个由狂风肆虐的荒原、突出地表的乱石和打着漩涡的深河共同组成的生境。那里到处是野生动物，而其中一种据说神出鬼没，让见过它的人无不胆寒。它就是博德明高沼怪兽。

荒原上遍布着巨大的爪印。

自从 20 世纪 70 年代出现第一起目击事件以来，已经有几百人宣称看到过博德明高沼怪兽。多年来，人们也拿出了疑似能够证明其存在的证据，比如爪印和看起来像是黑豹的模糊照片。除此之外，当地农民还认为牲畜遭到神秘袭击就是它干的。

1995 年，有人在高沼的一条河边发现了一个有着两颗巨大尖牙的头骨。这会不会是博德明高沼怪兽的头骨？经过检测之后，专家们确定那是一只豹的头骨。不过，他们还发现了别的细节：头骨内部有一个小小的蟑螂卵鞘。专家们知道博德明高沼并没有蟑螂，所以这只豹的死亡地点另有所在。换句话说，头骨只是一场骗局。

直到今天，仍然有野兽出没于博德明高沼的传闻。那么，它究竟是什么呢？有些人认为，附近的一座动物园于 1978 年倒闭后，其中的几只美洲豹逃了出去，最后流落到了博德明高沼。这是真的吗？谁也不知道。不过可以肯定的是，夜深了最好不要在那片高沼上逗留。

《情侣泊车沃思湖，惊遇半鱼山羊人》

这个新闻标题虽然看起来很荒唐，说的却是件真事。1969 年夏天，美国得克萨斯州沃思堡自然中心的游客们被一个两米高的生物吓呆了。它的身上既有鱼鳞又有毛，而且脖子很长，脑袋像一个长角的山羊头。有报告说这个怪物还袭击羊群，把一个车轮捡起来当飞盘扔。

当地早就流传着附近有怪物出没的传闻了，可是从来没有人亲眼见过。所以，当“沃思堡怪物”在那年夏天破天荒地露面后，游人纷纷涌向公园，想一窥真容。在驾车穿越那片自然保护区的时候，一个叫约翰·赖卡德的人不但见到了怪物，还跟它切磋了几招：怪物跳到了汽车的发动机罩上，最后约翰不得不开车撞树才把它甩下去。

经过调查，警方将事件定性为几个少年穿着大猩猩戏服搞出来的恶作剧。不过，并不是所有人都接受这个说法。少年真的可以徒手杀羊，还把沉重的车轮当飞盘扔吗？

热沃当怪兽

大约 300 年前，在法国南部偏远的热沃当山区，村民们被一头出没于森林深处的杀人怪物闹得人心惶惶。

第一名受害者是一个 14 岁的女孩，她在放羊时遭到了袭击。之后又有 100 多人死亡。据目击者描述，怪兽是一种长得像狼的动物，有着宽阔的胸膛、细长的尾巴、巨大的爪子和致命的獠牙。另外，它还可以跳得很远。不管怪兽是何方神圣，人们都不能放任它继续行凶了。

村民们被一头出没于森林的杀人怪物闹得人心惶惶。

猎人们接受挑战，杀死了数百只狼，但怪兽袭击事件仍在继续。最后，当地农民让·沙泰尔成功地将一头大型野兽逼入绝境后射杀。那个生物究竟是什么呢？令人沮丧的是，历史记录对这一点只字未提。它也许只是一只大型狼，但是有些野生动物专家认为前文的那番描述听起来更像是狮子。狮子的尾巴很细，爪子很大，而且可以跳得很远。问题是，18 世纪的法国野外怎么会有狮子呢？

妖怪

世界各地有那么多的奇异生物目击事件，难道它们全都只是被认错了而已吗？

泽西恶魔

泽西恶魔生活在美国新泽西州松林泥炭地的森林深处。相传 300 多年前，一个穷苦的农妇发现自己怀上了第 13 个孩子，可是她已经养不起更多的宝宝了。绝望之中，她忍不住咒骂了未出生的孩子。

几个月后，孩子出生了。刚生下来的瞬间，一切似乎并无异常，可是才过了几分钟，小男孩就飞快生长，在妈妈面前变得面目全非：头上钻出犄角，手指变成利爪，背后生出皮翼，皮肤也覆上了兽毛和鸟羽，而且两眼冒着红光，尖牙泛着寒光。怪物袭击了家人之后，一头跑进了森林，据说直到今天仍然出没其间。

蔬菜人

1968 年夏天的某个深夜，詹宁斯 · 弗雷德里克正在美国西弗吉尼亚州的乡间打猎。突然，一个怪模怪样的东西出现在了他的面前，那是一个有着茎秆似的绿色身体、树枝一样的细胳膊、倾斜的眼睛和长长的绿色耳朵的人形生物。

它看上去就像一根人形芹菜！

接着，詹宁斯注意到了这个怪异生物的手。它的每根“手指”末端都有一个像吸盘一样的奇怪器官，本该长着指甲的地方有一根长长的针。詹宁斯还来不及说什么或者做什么，那家伙就把一根针插进他的手里，开始吸血了！一分钟后，怪物的眼睛从黄色变成了红色。它一跃而起，跳上附近的山坡，从此消失了。

天蛾人

1966 年 11 月，美国的西弗吉尼亚州，罗杰 · 斯卡伯里和琳达 · 斯卡伯里夫妇与史蒂夫 · 马莱特和玛丽 · 马莱特夫妇晚上出去活动后，正开车回家。突然，一个身高两米、眼冒红光的蛾形生物开始在他们的车子上方盘旋。出于恐惧，他们越开越快，但怎么也甩不开那个长着翅膀的怪物。

怪物最后飞走了，这件事情被报告给了警方，并且登上了报纸。这下人们才知道，原来这两对夫妇并不是唯一遇到过蛾形怪物的人。不少人都声称见过它，只是怕被人笑话才选择了沉默。第二年，天蛾人目击事件又增加了 100 多起。

后来，当地发生了一起惨重的事故：一座桥突然垮塌，导致 46 人身亡。从此以后，再也没有人在西弗吉尼亚州见到过那个怪物。不过，倒是在世界上其他的地方又出现过关于天蛾人的传说，而且不久之后总有灾难降临，比如核事故、疾病暴发，甚至是更多的桥梁垮塌。人们不禁好奇，难道天蛾人会预知灾祸？这当然是无稽之谈，而且有人认为天蛾人只是人们在恐惧时产生的幻象。

“照骗”

都说一图胜千言，可是照片如果有假呢？

柯亭立精灵

大约 100 年前，在英格兰北部的柯亭立，一对名叫弗朗西丝和埃尔西的表姐妹做了一件不可思议的事情：她们竟然拍到了在自家院子里嬉戏的精灵。

埃尔西的妈妈看见照片后啧啧称奇。照片里的精灵在姑娘们面前翩翩起舞，形象清晰可见。她把照片拿给一名专家看，专家也惊奇不已，并且鉴定照片是真的。

不久之后，柯亭立精灵似乎成了全英国都在议论的话题。报刊书籍里写到了它，人们也专程前往当地，听小姐妹亲口讲述它。

只是有个问题：照片是假的。

事发几周前，姑娘们曾经跟家长说她们在花园里发现了精灵，结果对方不信。这让她们很生气。于是，为了证明大人是错的，她俩就把自己画的精灵摆在草丛里，开始拍照。

没想到，这场恶作剧竟然发展成了轰动一时的大新闻。当所有人都开始相信她们的时候，姑娘们的感受可想而知！事情很快就变得一发不可收，她们想承认造假都下不了台了。于是，她们只好把戏演下去，一演就是许多年。

长大之后，埃尔西承认了照片造假的事实。可是，弗朗西丝在 1986 年去世前最后一次谈到照片的事情时虽然承认了造假，却坚持说其中有一张是真的。

外科医生的照片

尼斯湖是苏格兰的一个大湖，据说幽深的湖水中藏有一只怪兽。几个世纪以来都有这样的传闻。20 世纪 30 年代，英国的报纸上刊登了一张尼斯湖水怪的照片，把水怪之谜推向了一次高潮。这张照片后来被称作“外科医生的照片”。

“外科医生的照片”拍摄于 1934 年，是一张有些模糊的黑白照片。不过，从画面中依然可以清晰地看见一只怪物从水中探出长长的脖子。“尼西”真的被相机拍下了吗？很多人相信这是真的，因为照片的拍摄者是伦敦德高望重的外科医生罗伯特 · 肯尼思 · 威尔逊。谁也无法想象他会撒谎。既然医生说照片是真的，那它就是真的。

六十年后，终于真相大白……

那张照片其实是著名猎人马马杜克 · 韦瑟雷尔精心策划的骗局。1933 年，一家报社雇用他追查水怪的下落。来到尼斯湖边后，他发现了一些巨大的动物脚印，便以为找到了“尼西”的踪迹。没想到，那些动物足迹竟然是伪造的，有人用玩具象足欺骗了他！报纸也因此取笑他。为了报复，他便策划了假照片事件。他知道报纸一定不会错过这样的猛料。

韦瑟雷尔通过朋友介绍找到了威尔逊医生，要他用一个浮在湖中的玩具恐龙来摆拍。他知道没人会怀疑这位医生。他的直觉是对的。许多年来，谁也没有怀疑过。然而，有史以来最著名的尼斯湖水怪照片虽然是伪造的，但它并不是水怪唯一的照片。其他的照片难道都是假的吗？

古代地道

**古代地道是走进往昔的通道，
可是它们真有那么古老吗？**

圣殿骑士地道

2017 年，人们在英格兰的什罗普郡发现了一个由拱门、走廊和楼梯组成的地下迷宫。是谁在砂岩中开凿出了这些东西？目的是什么？这件事情上了新闻，因为人们认为这些洞窟曾经被圣殿骑士使用过。

圣殿骑士团是一个组建于 12 世纪的宗教军事团体。他们负责保护从欧洲前往圣地耶路撒冷的朝圣者。相传圣殿骑士团在 14 世纪解散后，成了一个看管特殊圣物的绝密组织。有些人依然相信，在某个地方存有一堆圣殿骑士的宝藏，等着被人发现……

难怪在什罗普郡发现地道这件事会引起轰动。可是，事情真的跟表面上看起来一样吗？其实当地还有别的地道。霍克斯通景观建筑群就在附近，其中甚至还有一座规模更大的石窟。我们知道那些都是 18 世纪时修建的旅游景点。这样看来，所谓圣殿骑士地道也不过是一处猎奇的景观建筑喽？

马盖特贝壳石窟

1835 年的一天，詹姆斯·纽洛夫正在位于英格兰马盖特的家里挖池塘，没想到竟然发现了一个大型地下洞窟。为了进一步探索，詹姆斯把儿子乔舒亚拴上绳子后放了下去……等待他的会是什么呢？

乔舒亚惊奇地发现，地下竟然有一座铺满了精美贝壳的石窟。

很快，詹姆斯又发现了一个带拱顶的圆形洞室，它由一条走廊与另一个稍小的房间连接起来，而那个房间里有一个看起来像是教堂圣坛的东西。此外，墙面铺满了贝壳，而且贝壳被精心摆放成了各种形状和图案：有猫头鹰，有鳄鱼，有海龟，还有骷髅……

它们是怎么来到这里的呢？谁也不知道。

据研究人员后来统计，石窟里总共有 400 多万枚贝壳，其中一些来自马盖特海滨，但也有一些来自遥远的加勒比海。那么，它们是怎么来到这里的呢？

直到今天也没人知道是谁修建了这座藏身之所，就连推断它是什么时候建成的都有难度。自从贝壳石窟重见天日后，它就成了热门的旅游景点。通道里燃起了煤气灯，却给贝壳蒙上了一层煤烟，让考古学家难以鉴定建造年代。

那么，建造它的目的可能是什么呢？有人相信它是古代秘密宗教团体的活动场所，是魔法师甚至是圣殿骑士的藏身之处。也有人认为它只是一场骗局。真相究竟如何，目前还没有定论。

以假乱真

就算告诉我们是假的，我们有时仍然不信！

皮尔当人

1912 年，业余考古学者查尔斯·道森在英格兰南部的皮尔当村附近有了惊人的发现：一个古代头骨、几颗牙齿和一块颌骨。他把这些东西拿到大英博物馆，交给化石专家阿瑟·伍德沃德鉴定。

阿瑟惊讶不已。他相信查尔斯发掘出了一个早期人类的遗骸，年代可能有 50 万年之久。不仅如此，其中的头骨和此前出土的人类头骨都截然不同。它展示了人类在进化过程中从猿向人转变的瞬间，也就是所谓“失落的环节”。从此，这个人种就被称作“皮尔当人”，成了重大考古学发现。

然而，1949 年，科学家们又用更加精确的新技术检测了一遍那个头骨，发现它的年代并没有 50 万年之久，而是只有 500 年。更可笑的是，头骨和颌骨居然来自不同的物种，一个来自人类，一个来自类人猿，而且类人猿的牙齿还被磨小了，好让它们看起来更像人类的牙齿。所有的骨头都被故意弄脏做旧过。

这可真是个弥天大谎。可是究竟应该怪谁呢？

查尔斯是这起造假事件的主要嫌疑人，可是他早就不在人世了。若干年后，人们在大英博物馆发现了一个旧盒子，里面放着一些弄脏的骨头，和皮尔当头骨如出一辙。这些骨头会不会是造假者试手的产物？难道造假者是博物馆的内鬼？

西北太平洋树章鱼

1998 年，世人头一次听说有一个叫西北太平洋树章鱼的物种面临着灭绝的威胁。一个看上去正儿八经的网站不但解释了这种分布在美国华盛顿州的生物如今濒临灭绝的现状，还提供了树章鱼孵化过程的视频链接。

那个网站的内容其实是假的，出自一个叫莱尔·萨巴托的著名恶作剧者之手。然而，后来开展的一项调查却显示，在所有访问过该网站的 13 岁青少年中，近九成的人相信西北太平洋树章鱼真实存在。

树章鱼濒临灭绝。

这也难怪，网站内容看上去确实挺像那么回事，在相关资料方面也下足了功夫，所以大多数青少年便信以为真了。这项调查告诉我们，不要在网上见到什么就信什么。

闲逛的石头

1867 年 10 月，美国内华达州的一家报纸刊登了作家丹·德·奎尔的一篇文章，而此人向来以编造各种搞笑故事而知名。19 世纪后期是一个各种不可思议的科学发现层出不穷的时代，所以奎尔喜欢写文章来调侃没完没了的新奇发现。他的这篇最新故事讲的是内华达州帕拉纳加特山脉中的奇石。那些石头总是离不开彼此。只要把它们放在平面上，它们就会滚向同类。

没想到，这篇恶搞文章竟然被世界各地的报纸争相转载。不久之后，读者们纷纷要求奎尔提供更多的细节。有人甚至愿意提供一大笔钱，让他带着那些不可思议的石头参加巡演。即使他坚称整个故事都是他瞎编的，那些人仍然不信，反倒认为他不过是想独吞一项惊人的科学发现罢了！

在那篇文章发表 12 年之后，奎尔仍然会收到关于石头的来信。哪怕他又发表了一篇文章来证实那个故事只是一个骗局，还是有人不信！

不存在的国度

这些地方曾经在地图上出现过，可是它们究竟在哪里？

巴西岛

19 世纪以前，在长达 400 多年的时间里，航海地图上的爱尔兰西海岸附近曾经存在一个名叫巴西岛的小岛。如今，我们已经知道这个岛并不存在。可是在当年航海图上标有这个岛的时候，却有屈指可数的人声称见过它。据说巴西岛终年笼罩在迷雾之中，每隔七年才会现形一天。

不过，1647 年的时候，一个名叫约翰 · 尼斯比特的苏格兰船长不但声称自己看见过巴西岛，甚至还登陆过。他说大大的黑兔子在岛上泛滥成灾，一位住在石头城堡里的魔法师欢迎了他和水手们，还有一位年老的智者向他们赠送了金银。

若干年后，巴西岛又迎来了另一位客人——爱尔兰历史学家托马斯 · 约翰逊 · 韦斯特罗普。他对巴西岛着迷不已，不仅声称自己三次重返该岛，甚至还把家人带去度假！每次他去的时候，那座岛似乎会凭空出现，走的时候又凭空消失。

为什么探险家们可以探访一座现在已经证实并不存在的小岛？许多人都试着给出解释。大西洋的那片海域存在一个名叫豪猪滩的水下岩架，所以水变得很浅。在上一个冰期，由于海平面曾经下降过。那么，神秘的巴西岛会不会是豪猪滩演变而来的呢？

这确实有可能……只是上一个冰期早在 1.2 万年前就结束了，那可比探险家们自称登岛的时间早得多了。

据说它终年笼罩在迷雾之中，每隔七年才会现形一天。

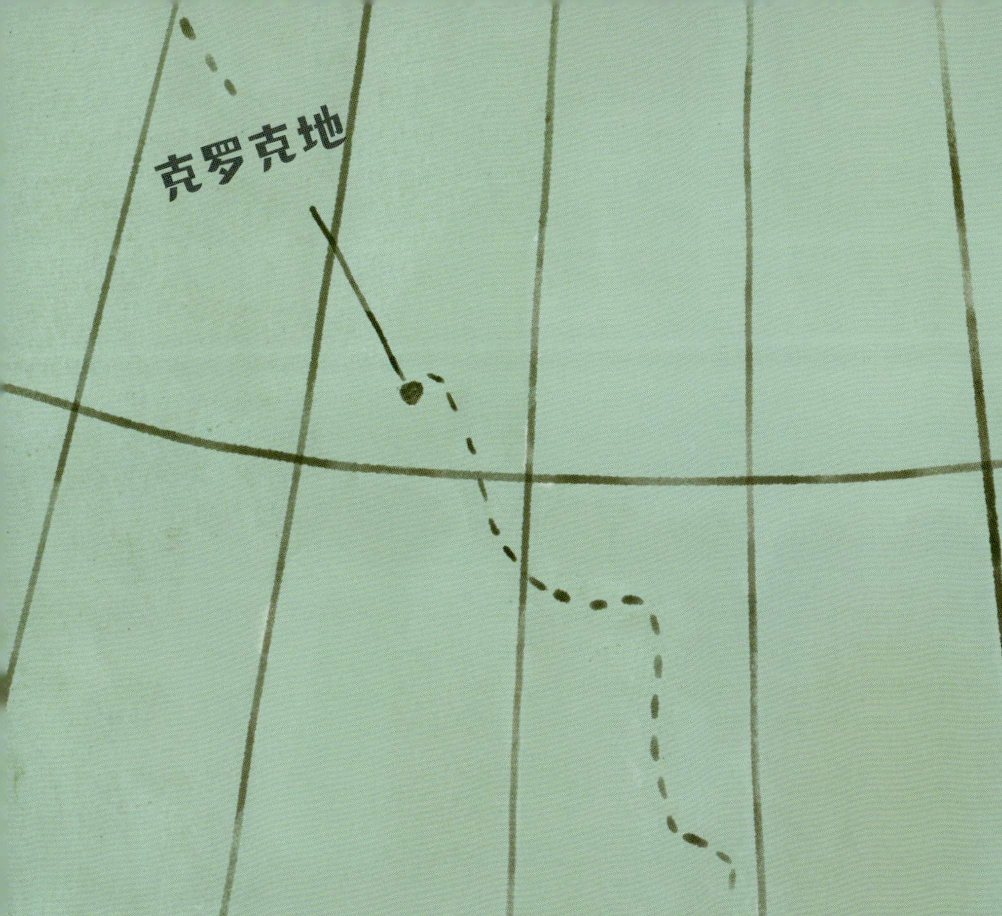

克罗克地

100 多年前，北极地区还是一片未经开发的荒芜之地。那时还没有人到达过北极点，所以冒险家们都争先恐后地想成为征服北极的第一人。

罗伯特·皮尔里是一名美国海军军官。截至 1906 年，他已经五次尝试抵达北极点。第五次的时候差点儿就成功了，最终还是因为恶劣的天气而功亏一篑。不服输的他还想组织第六次远征，但他首先得弄到远征的经费才行。

幸运的是，他认识一些非常有钱的朋友，其中一位便是美国银行家乔治·克罗克。乔治此前资助过罗伯特的北极探险，所以罗伯特声称在北极发现了一座巨大的岛屿后，就把该岛命名为“克罗克地”来答谢友人。这个新发现的岛也被收录进了各种关于北极的地图中。

1909 年，罗伯特终于发起了第六次挑战。这一次，还有另一个美国人弗雷德里克·库克跟他竞争。出发数月之后，罗伯特带着胜利的消息回来了。然而奇怪的是，弗雷德里克也说自己抵达了北极点。但是他并没有看到克罗克地。确实没有！

为了解开谜团，另一个探险家唐纳德·麦克米伦又于 1913 年专程去寻找神秘的岛屿克罗克地。四年后唐纳德带回了一个惊人的消息：哪儿也找不到克罗克地。

这一切到底是怎么回事？难道罗伯特故意编造了克罗克地，好让其他富豪为了像克罗克一样青史留名而慷慨解囊？谁也说不准。只是这么一想，还真是合情合理。

水下城市

非凡的城市留下了神奇的故事，可是现在它们在哪里？

亚特兰蒂斯

2000 多年前，古希腊哲学家柏拉图在著作中提到大西洋的某个岛上有一座伟大的城市——亚特兰蒂斯。这座城市在当时便已经存在了几千年之久。一群“超人”在那个到处是野生动物、奇珍异宝和贵重金属的岛上创建了令人惊叹的文明。后来，一场神秘的灾难突然降临，亚特兰蒂斯从此消失得无影无踪。

起初，人们以为柏拉图的故事只是个寓言。他们相信，柏拉图杜撰这个故事是为了告诉人们骄傲会招致毁灭：亚特兰蒂斯人自命不凡，逐渐变得目中无人，众神为了教训他们，就把他们的城市摧毁了。可是几百年后，人们又开始琢磨，那座城市会不会真实存在？

为了寻找亚特兰蒂斯，人们从直布罗陀海峡找到亚速尔群岛，又从克里特岛找到了特内里费岛，到处都找遍了。可是，直到现在我们也不知道它可能在哪里——假设它真的存在的话。

时不时会有一些可能的线索浮出水面。例如，多年前在巴哈马群岛的比米尼岛附近，有人发现了一段看起来像是人造道路的东西：巨大的矩形石灰石块排成一条长达近 1 千米的直线，两边都有凸起的人行道。地质学家认为这是一个不太常见的天然形成的岩层，但有些人怀疑这就是亚特兰蒂斯的遗迹。

虽然还没有发掘出确凿的证据，但是波涛之下还有许多东西等着我们去发现。谁知道我们将来会找到什么！

维内塔

亚特兰蒂斯并不是唯一被认为葬身大海的城市。相传在波罗的海黑暗冰冷的海水下面，还有另一处历史上的人间天堂——维内塔。维内塔位于一个岛上，据说在 1000 年前是一座富得流油的城市。那里的商店摆满了最好的商品，人们穿着最漂亮的衣服，就连孩子们的玩具都是金银做的！可是维内塔人变得骄奢淫逸，众神再也看不下去了。

众神派出一条美人鱼去警告维内塔人末日就要来了，但是谁也没有理会使者，仍然忙着寻欢作乐。只有年长的智者试图劝说年轻人弃城逃难，但是他们的警告同样遭到了忽视。最后，忍无可忍的众神对维内塔降下了一场巨大的风暴，让波罗的海吞没了整个城市。

可是，这座失落之城现在在哪里呢？

有些人相信维内塔位于波兰，在波罗的海的沃林岛附近。那里据说有石柱和疑似建筑遗迹的东西延伸到海中。

巴比伦空中花园

它曾是古代世界的七大奇观之一，可是它到底在哪里？

2000 年前，古希腊的作家们从地中海附近选出了七个最非同凡响的建筑和雕刻，后来它们被称为世界七大奇观。

它们包括古埃及的吉萨大金字塔（又称胡夫金字塔）和亚历山大灯塔，古希腊的奥林匹亚宙斯巨像、阿尔忒弥斯神庙，以及巨大的摩索拉斯陵墓——其上饰有数百个真人大小的雕像，还有罗得岛的港口里那座巨大的太阳神青铜雕像，最后就是巴比伦的空中花园，它是一座建在凸起的露台上，看起来好像悬在空中的花园。

吉萨大金字塔至今屹立不倒。我们也找到了另外五个奇观存在的证据，所以能够准确地断定它们的位置。唯独对于空中花园，我们知之甚少。

它真的存在过吗？如果是的，在哪里呢？

巴比伦古城位于今天的伊拉克境内，那里已经出土过不少令人叹为观止的古城遗迹了。许多人相信，如果空中花园真的存在，那它应该是由尼布甲尼撒二世国王在 2500 多年前下令建造的。尼布甲尼撒二世的王妃阿米蒂斯怀念故乡的青山，也许国王为了安慰思乡心切的她，专门建造了一座花园？

尼布甲尼撒二世确实喜欢大兴土木。他在巴比伦各地下令建造了为数众多的庙宇和宫殿，使它成为古代世界最壮观的城市之一。然而，从后世发现的他留下的书面记录来看，里面根本没有提到任何花园。那么，为什么有人认为空中花园真实存在过呢？这是因为，有些古典时代的作家曾经详细描述过七大奇观，而其中六个都是真实存在的建筑。这种情况下，唯独空中花园并不存在，那也太奇怪了。

可是，在 2500 年前巴比伦的烈日之下，怎么可能种出一座花园来呢？多年来，在巴比伦遗址工作的考古学家发现了刻有尼布甲尼撒名字的砖块，上面覆盖着沥青。沥青是一种类似柏油的防水材料，可以防止水渗进砖块。这种材料非常适合用来建造花坛或者其他用于保持水分的东西。巴比伦附近正好有一个天然水源——幼发拉底河。也许人们可以利用一种名叫阿基米德螺旋抽水机的巧妙装置把河水送到高处，从而灌溉储水。

这么看来，空中花园极有可能真的存在过，只是我们还需要更多的证据才能给出定论。

这依然是古往今来
最大的谜团之一。

失落之城

它们真的失落了吗？还是说仅仅是想象力的产物？

埃尔多拉多

400 年前，欧洲探险家从南美洲归来后，纷纷讲述着一个相似的故事：南美洲的雨林深处存在着不可思议的黄金城。其中一个叫胡安·罗德里格斯·弗雷勒的人还描述了一个奇特的社会，那里的首领被人们撒上金粉后，会划着饰有珠宝的木筏来到一个湖上，往水里抛撒黄金制成的宝物献给众神。弗雷勒管这个首领叫埃尔多拉多（意为“金人”）。弗雷勒讲的故事很快就越传越广。

哪里也找不到这些神秘的黄金城。

“埃尔多拉多”先是演变成了一座传说中的黄金城，后来又升级成了一个黄金国。

其他的探险家从南美洲归国后也带回了各自的黄金城故事。于是，除了埃尔多拉多，又冒出了失落之城 Z、基维拉、肉桂谷、帕依提提等一众黄金城。整个欧洲都陷入了黄金热，各路探险家怀着一夜暴富的渴望，找遍了天涯海角，可是哪里也找不到这些神秘的黄金城。

直到今天，依然有冒险者勇闯南美洲的雨林。他们不仅确信那里一定藏有传说中的城市，还不惜动用激光技术来窥探层层枝叶的下方。将来的某一天，这个新方法说不定真的能揭开埃尔多拉多的真相。

利伯塔利亚

想象一下，一个岛上住着好几百个海盗，到处都是挥剑斗狠和逼人走跳板的画面……那该有多可怕呀？不过，如果故事里说的都是真的，那个名叫利伯塔利亚的海盗之岛其实是个相当美好的地方。

据 1726 年出版的《海盗通史》描述，利伯塔利亚是一个位于马达加斯加附近的岛屿，岛上有一伙海盗和睦相处，其乐融融。该书的作者自称查尔斯 · 约翰逊船长，他说法国海盗詹姆斯 · 米申船长建立了利伯塔利亚，目标是建立一个人人自由和平等的地方。

海盗们和睦相处，其乐融融。

詹姆斯说服了其他海盗加入他的事业。他们不仅在岛上建起小镇，种植庄稼，畜养牲畜，甚至还摸索出了一套人人都有发言权的立法制度。在 18 世纪，这可是划时代的新观念。

可是，利伯塔利亚真的存在吗？人们从来没有找到过这个岛，而且有人怀疑“查尔斯 · 约翰逊船长”其实是著名作家丹尼尔 · 笛福的化名。丹尼尔强烈反对当时英国的统治方式，也许他就杜撰出了一个海岛天堂来另辟蹊径地表达意见？

也有人不同意这个说法。他们指出，《海盗通史》里描写的许多海盗都是真实存在的历史人物，比如黑胡子、玛丽 · 里德和黑巴特。既然书中有这么多的真实内容，利伯塔利亚说不定也是真实存在的。

秘密宝藏

为了发财，寻宝者们把一生都花在了掘金上面。

失落的荷兰人金矿

美国亚利桑那州的迷信山脉每年都会迎来成百上千名梦想发财的寻宝者，有些人甚至为此付出了生命。他们都在寻找一座据说在 19 世纪发现的金矿——失落的荷兰人金矿。

相传一个叫佩拉尔塔的墨西哥寻宝者曾经从这座金矿里挖出了大量的黄金，可是在把黄金运回去的途中，他遭到了袭击。黄金就这样被抢走了。若干年后，一个绰号“荷兰人”的德国勘探员雅各布·华尔兹无意中获得了一张地图，上面标出的正是当年佩拉尔塔发现的那座金矿的位置。

雅各布对金矿的位置一直守口如瓶。

和佩拉尔塔一样，雅各布也发了财，但是他对金矿的位置一直守口如瓶。后来，年老的他在临死前才把金矿的方位透露给了一个叫茱莉亚·托马斯的朋友。就这样，茱莉亚成了最早闯荡迷信山脉的寻宝者。她找了几个星期也没有找到金矿，幸运的是，她至少没把性命给搭进去。

橡树岛

新斯科舍是加拿大位于大西洋沿岸的一个省，在它的近海有一座橡树岛。这个绿树成荫的弹丸小岛和海湾对面的另外 300 多个岛看起来似乎没什么不同。

可是很多人都相信，橡树岛上藏着一个惊天的秘密……

200 年前的某个夜晚，一个叫丹尼尔 · 麦金尼斯的男孩看见橡树岛上出现了一些灯光。第二天去调查的时候，他发现了一道奇怪的沟，旁边还吊着一个滑车。看起来似乎有人挖了一个大洞，把什么重物吊了下去，最后又把洞填上了。

丹尼尔知道那些岛上曾经有海盗藏身。难道地下埋着宝藏吗？想到这里，他就叫上几个朋友开始了挖掘。很快，他们挖到了一圈圆形的墙，它深入地下，就像一口被土填埋的井。接着，挖到 6 米深的地方时，他们又发现了一个铺着木板的地洞。

可惜，除了更多的土，小伙子们什么宝藏也没有挖到。他们日复一日地挖呀挖呀，依然一无所获。最后，筋疲力尽的他们只好放弃了。

然而，橡树岛地下宝藏的故事却不胫而走，很快就引来了其他的人继续挖掘。挖到 30 米深的地方时，他们挖到了一块刻有奇特符号的石板。寻宝者们据此认定，地下一定藏着什么不得了的东西。可是，当他们挖到更深的地方时，地洞里却开始进水了，而且用抽水机都抽不干净。

直到今天，人们依然对橡树岛的故事着迷不已，还利用现代机械挖到了前所未有的深度。的确有蛛丝马迹表明地下有东西，比如羊皮纸、粗木头和水泥的痕迹，甚至还有黄金的碎块。据说一位专家还破译出了石板上的奇怪符号是什么意思：地下四十英尺埋着两百万磅……不过，至于最深处到底有没有货真价实的宝藏，仍然不得而知。

时至今日，仍然有寻宝者在那片危机四伏的山脉中掘地三尺，寻找着那座扑朔迷离的失落的荷兰人金矿。可是，那里真的有隐藏的宝藏，真的值得冒这个险吗？直到现在还没有一个人在那里发过财呢！

夜里闹腾的东西

人死之后，灵魂还会继续存在吗？

与鬼魂对话

你相信鬼魂存在吗？或者听见过什么东西在夜里闹腾吗？很多人都声称自己看见或听见过。世界上许多种不同的文化都相信人的肉身死去后，灵魂会继续存在。可是，证据在哪里呢？

数千年来，人类一直在尝试和鬼魂交流。19 世纪的时候，降神会作为一种与亡灵接触的方式流行起来。这种活动通常在一个阴暗的房间里举行，由一个灵媒（相信自己能够与鬼魂对话的人）和围坐在旁边的人共同参与。灵媒进入恍惚状态后会与鬼魂建立联系，从而帮助与会者同去世的至爱亲朋对话。

很多人觉得灵媒都是骗子，不过降神会在当时使用更多的人热衷于探索灵异现象。很快，捉鬼活动也变得盛行于世，勇敢的冒险者们甚至敢在据说闹鬼的房子里过夜！

他们会研究莫名其妙的所谓阴气、匪夷所思的光球、神秘莫测的幻象，以及异乎寻常的声响。根据这些现象，他们把鬼分成了不同的类型。最常见的一类被认为是至爱亲朋在去世后短暂显灵，仿佛是在离开人世前向牵挂的人道别。

不过，说起最会“搞事”的鬼，则非“吵闹鬼”莫属了。“吵闹鬼”通常来无影去无踪，喜欢在屋子里到处弄出怪事，比方说让门突然重重地关上，让灯忽明忽暗，让盘子和碗从橱柜里飞出来。威廉·巴雷特爵士是 19 世纪赫赫有名的“捉鬼人”，他曾经讲述过 1877 年在爱尔兰的德里贡内利发生的一起农舍“吵闹鬼”事件。

德里贡内利的恶魔

相传一个农夫和他的五个孩子怎么也睡不好觉。连续好几天晚上，房子里到处都能听到敲击声和刮擦声。他们原以为是老鼠，结果却发现并没有老鼠。就在大家纳闷的时候，各种物件竟然自己动了起来。蜡烛和靴子莫名其妙地被扔出窗外，可是谁也没有碰过它们。

有人要农夫把一本《圣经》翻开后用石头压住，放在厨房的桌子上过夜。可是第二天早上，石头不见了，《圣经》也被撕成了碎片。这下子全家人可真的吓坏了。他们整夜都点着蜡烛，希望能赶走恶魔。

房子里到处都能听到敲击声和刮擦声……各种物件竟然自己动了起来。

巴雷特前去调查，却怎么也找不出这些扰动背后的原因。于是，他就断定，这肯定是某个“吵闹鬼”的杰作。后来，他发现可以用敲打声来与“吵闹鬼”交流：如果他敲一下墙，对方会回敲一下。他敲两下，对方会回敲两下。他敲五下，对方也会回敲五下……

巴雷特还发现，哪怕他只是在脑海里想着敲几下，那个“吵闹鬼”就会用相同次数的敲打声来回应他。鬼魂可以读懂他的心思！于是，巴雷特请了一位牧师来诵读祷文。鬼魂大吵大闹，又是敲打，又是抓挠。不过，随着祈祷进行下去，“吵闹鬼”竟然停止了抗议，怪声也消失了。恶灵离开了，农夫一家人终于可以安心地睡觉了。

虽然巴雷特这个故事讲得活灵活现，煞有其事，但很明显，这只是个故事而已，今天我们都知道，鬼是不存在的。

鬼屋

无论是简朴的民居还是奢华的宫殿，哪里都有可能“闹鬼”。

玛丽 · 安托瓦内特的幽灵

1901 年 8 月某个炎热的日子里，夏洛特 · 安妮 · 莫伯利和埃莉诺 · 乔丹花了一整天时间游览法国的凡尔赛宫。这座宫殿曾属于法国国王路易十六。他和王后玛丽 · 安托瓦内特在这里一直住到 1789 年法国大革命爆发。后来，他们都被处死了。

两位女士后来声称她们漫步于辽阔的王家花园中，很快就发现自己迷路了。虽然当天阳光灿烂，可是当她们经过一个废弃的农舍时，天空和树木似乎失去了应有的光彩。这里的花园让人觉得不太对劲。

她们两个都感到脊背发凉。

更奇怪的是，她们总是撞见穿老式服装的人。凡尔赛宫有时的确会请人扮演古装角色，但那些演员看起来也太真实了。她们遇到了三个宫廷园丁，个个都身穿长礼服，头戴三角帽。在一座桥上，夏洛特还看见一个女人坐在那里写生。她有一头金色的卷发，穿着一件古风夏季连衣裙。

几天后，夏洛特和埃莉诺得知了一件让她们心跳加速的事情：凡尔赛宫在她们参观的那天并没有请演员演出。更不可思议的是，在端详国王和大臣的肖像画时，她们竟然认出了当天在路上遇到的人。而那个写生的女人不是别人，正是玛丽 · 安托瓦内特王后。

我们知道世界上并没有幽灵存在，至于 100 多年前这两位女士究竟为什么要讲述这样一个故事，真相就不得而知了。

恩菲尔德骚灵事件

恩菲尔德骚灵事件是历史上被研究得最透彻、最著名的闹鬼事件之一。故事开始于 1977 年 8 月 31 日，发生在英国恩菲尔德市一座普普通通的房子里。那天晚上，佩吉 · 霍奇森正在哄孩子们上床睡觉，突然听到卧室里传来令人不安的刮擦声。原来是一个抽屉柜在地板上自己滑动！ 11 岁的珍妮特和她的弟弟约翰尼在床上盯着柜子，惊恐不已。

佩吉想把抽屉柜拉回来，可是怎么也拉不动，似乎有什么人或什么东西在紧紧地抱着它。接着，墙面上，天花板上，地板下面，到处都响起了敲击声。佩吉吓坏了，连忙报警。第一个来到现场的警察原本没把他们反映的情况当回事，直到他目睹一把椅子飘起来，才发觉大事不妙！

那天晚上只是个开始。接下来的两年里，这种灵异活动一直没有消停。椅子、积木、弹珠……各种物件都自己飞起来过。珍妮特甚至说她还被某种看不见的力量抛来抛去。

这一切真的是某个“吵闹鬼”造成的吗？

“捉鬼人”莫里斯 · 戈斯前来调查，他发现珍妮特偶尔会用一种奇怪的低沉嗓音说话。他相信，这是鬼魂在借她发声。令人惊讶的是，戈斯甚至录下了一次和鬼魂的访谈。最后，戈斯得出结论：那个鬼魂是一个叫比尔 · 威尔金斯的男人，他在几年前死在这座房子里。

1979 年末，一切突然停止了。谁也不知道为什么。专家认为这些令人不安的事件根本不是由所谓“吵闹鬼”引起的，而是用高明的把戏伪装的骗局。

猎巫

只有童话里才有巫师吗?

大约 500 年前，欧洲和美洲的许多人都忌惮“货真价实”的巫师。人们相信他们与魔鬼串通一气，可以对其他人施咒。当时不管遇到什么问题，人们通常都会归结于巫术。家里孩子生病了？巫师干的。奶牛不产奶？巫师干的。撞到脚趾了？巫师干的。

大家都对巫师恐惧不已，以至于要在城里和村里抓捕他们。然而，巫师并不是那么容易找出来的。毕竟，他们又不会打扮成穿斗篷戴尖帽的典型形象。巫师既可以是成年男女，也可以是小孩。凡是被指控为巫师的人，都必须接受测试来自证清白，或者招认罪行。

可问题是，一旦遭到指控，就很难证明自己不是巫师了。测试的手段多如牛毛，总有一个会让被指控的人栽在上面。哪怕只是长了痣或者有胎记，也可能会被认为是勾结魔鬼的标志。被扔进湖里更是家常便饭，因为据说只有巫师才会浮在水面，所以得确保自己沉下去。被指控的人也可能会被要求背诵祷文，而且一个字都不能错。如果所有的测试都无法得出让人满意的结论，还有严刑拷打等着，而这通常会“说服”所谓的巫师认罪。

女巫会浮起来还是沉下去?

欧洲和美洲曾经有成千上万的人被怀疑是巫师。1543 年，在丹麦，有人指控一个名叫居德 · 斯潘德梅尔的妇女对丹麦海军的舰艇施咒。最后，她被宣判有罪，绑在火刑柱上烧死了。

1612 年，英格兰的 10 名男女被当成巫师逮捕并处以绞刑，只因为某个店主声称被他们诅咒了。

恐惧和惊慌像野火一样席卷了小镇。

塞勒姆审巫案

最著名的猎巫事件是塞勒姆审巫案。1692 年，在美国马萨诸塞州的塞勒姆，镇上牧师的女儿和侄女说她们被人施了恶咒。她们抽搐不止，浑身发痒，又是哭喊，又是尖叫。很明显，这是魔鬼的杰作，可是下咒的人是谁呢？三名妇女受到了指控。也许是为了避免遭受折磨，其中一人居然认罪了。更重要的是，她说她知道还有别的女巫。

人们既不顾一切地想要抓到女巫，又生怕自己也被指控为女巫。于是，为了给人匆匆定罪，所有合理的法规程序都被抛到了九霄云外。再荒唐的东西都能当作“证据”——哪怕有人梦见某人是女巫，就足够把那个人逮捕了。

在接下来的 15 个月里，共有 20 个人因为巫术罪被定罪处死。然而，随着时间推移，塞勒姆的人们渐渐意识到，女巫审判这件事不但不靠谱，还害死了无辜的人。1693 年 5 月，余下所有被指控为女巫的人都被释放出狱。最后，生活总算恢复了正常。

群体性癔症

有的时候，跟风真不是什么好事！

致命的舞蹈

1518 年的某个夏日，有一位特罗菲亚夫人突然在斯特拉斯堡（现在是法国的一部分）的街上跳起舞来。虽然没人知道她为什么跳舞，但是很快就聚集了一群观众，他们一边看她跳舞一边欢呼鼓掌。特罗菲亚夫人跳个不停，从晚上跳到第二天早上都没有坐下来歇息过。就这样，她一跳就是整整六天。

奇怪吗？当然奇怪。只是，更奇怪的事情还在后面：其他素不相识的市民也加入了这场狂舞。刚开始只有几个人，可是一个星期后，跳舞的人已经发展到了几十个。

当局不知道该怎么办。医生认为跳舞是“热血”导致的，最好的治疗方法就是让人们尽情跳舞，把燥热消耗掉。于是，当局开放了市政厅给他们当舞厅，还雇了乐师为他们演奏音乐。然而，这个方案换来的结果却事与愿违：最后竟然有 400 多个人跳到倒地不起。

有些人甚至跳到累死……

这些人为什么要跳舞跳到死呢？

笑是最好的药？

1962 年 1 月，在坦桑尼亚的一所女子寄宿学校里，三名学生咯咯地笑了起来。没想到这一笑不但停不下来，而且还会传染，其他女生也跟着笑起来。很快，学校里一半以上的学生都在不由自主地哼着鼻子窃笑了。然而，笑声不是持续几分钟就结束了……

而是持续了好几天。

老师们束手无策，姑娘们筋疲力尽，课也没法上了。于是，学校只好关闭。可就算这样，咯咯笑的怪病也没有消退，反而传到了同区的其他学校。两年之后，这一切才总算结束，生活恢复正常。话说，真的有什么事情那么好笑吗？

又抽又闹

2011 年，在美国纽约州的勒罗伊镇，啦啦队长凯蒂·克劳特沃斯特午睡醒来后发现自己的脸在不由自主地抽搐。很快肌肉痉挛也来了，害得她的胳膊和腿狂抽不止。当天傍晚她就住进了医院。为了控制住四肢的扭动，她被用皮带捆在了床上。医生们也不知道是什么导致了这种情况。

几天后，凯蒂最好的朋友西拉·桑切斯也害了同样的怪病。她变得说话结巴，脑袋抽搐，乱甩胳膊。之后又有更多的人中招。很快，凯蒂所在的学校大约有 20 名学生出现了无法控制的抽搐和痉挛。

家长们怀疑学校附近发生了有毒化学物质泄漏，或者水里有什么东西。可是他们找不到确凿的证据，只能干着急。几个月后，抽搐的怪病又像莫名其妙地发作时一样，莫名其妙地消失了。

怎么回事？

专家们认为这些都是所谓群体性癔症的病例。就像打哈欠可能会“传染”（试试在拥挤的火车车厢里打哈欠）一样，某些动作和行为可能会像病毒一样在人与人之间传播。可是，究竟是什么让一个人突然开始抽搐、跳舞或者哈哈大笑呢？医生们认为，当一个人承受很大的压力时，精神焦虑有可能转化为身体上的表现，比如抽搐。他们把这个称作“转换障碍”。如果整个学校、城镇或社区都处于压力之下，就可能引发群体性癔症。

特异功能

是特异功能还是“特会蒙人”？

骗人的把戏？

魔术师似乎只用动动他们的念力，就能做出神乎其神的事情来，比如让钥匙和餐具变弯，读取别人的想法，甚至让物体飘浮在半空中。可是魔术师也承认，这些只是把戏而已。不过，有些人相信心灵致动（仅仅使用念力就能让物体移动的能力）和心灵感应（读取别人思想的能力）真的存在，还有人甚至声称自己拥有这些足以让他们成为超人的特异功能。

20 世纪 70 年代，一个名叫妮内尔·库拉吉娜的俄罗斯妇女震惊了研究人员，因为她看上去只用念力就让火柴棍动了起来。以色列人尤里·盖勒也经常展现出用意念让金属变弯或者修理坏表的能力。

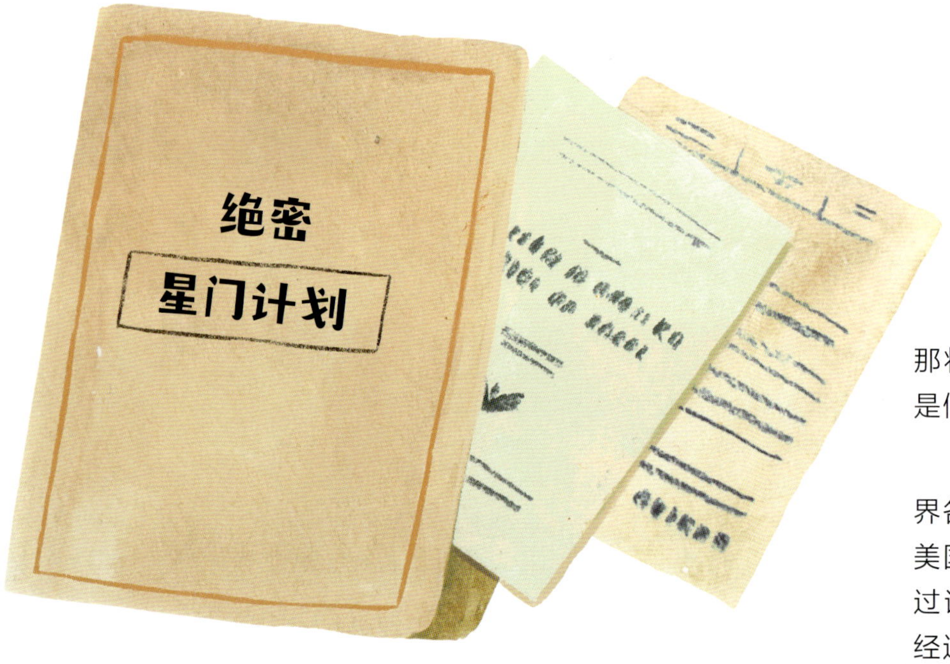

他们不但可以读心，甚至还能让物体飘浮起来。

这些人自称通灵者。如果他们真的拥有自己所说的力量，那将永远改变我们对世界的认识。可惜，这些通灵者被证明是假的，只会用狡猾的魔术骗人。

那么心灵感应和心灵致动是真的吗？为了找到答案，世界各国政府花费了数以亿计美元的资金进行调查。40 多年前，美国政府部门发起了“星门计划”，以便弄清通灵者能不能通过读心术找到敌人的武器或者刺探外国政府的机密。然而，经过 20 年的运作之后，这个计划最终被叫停了。

一个名叫詹姆斯·兰迪的魔术师接过了寻找真相的任务。他悬赏100万美元，寻找任何能够证明自己是通灵者的人。由于兰迪本人就是魔术师，所以他很擅长观察别人是否在使用魔术把戏。这个百万美元的悬赏已经存在了数十年，可是仍然没有一个人能获得它。

看来，心灵致动和心灵感应是不是真的存在还真不好说……但我们确实知道，人类的头脑可以做出许多我们还没有完全理解的怪事，比如安慰剂效应。

安慰剂效应

安慰剂就是根本没有药用成分的药物！它们真正的作用是帮助研究人员测试新药。怎么测呢？给一组病人发放需要测试的新药，给另一组病人发放安慰剂。除了没有真正的药用成分外，安慰剂看起来和真的药物（药丸、药片或糖浆）没有区别，所以两组病人都不知道谁拿到了真正的药物，谁拿到了安慰剂。通过比较两组病人随着时间推移有什么自我感受，研究人员可以判断新药的效果。然而，奇怪的是，那些服用安慰剂的人往往也会觉得自己好些了。也就是说，尽管没有药用成分，安慰剂也好像起作用了！这怎么可能？

科学家发现，如果一个人希望病情好转，通常真的会变好。如果有人正在服药，他们当然希望药物能让自己好受一些。可见信念的力量多么强大。安慰剂可以缓解头痛之类简单的疼痛，也可以改善比头痛严重得多的问题。

不光安慰剂有这个作用，就连医生假装给病人做手术，也被证明具有改善病情的效果。不过，安慰剂最奇怪的地方却在于，就算人们知道自己服用的是安慰剂，而不是真正的药物，他们仍然会好起来！这到底是怎么回事？看来，我们的意念能以某种方式影响身体。也许有一天，我们会发现特异功能是真实存在的呢。

谜火烧身

这些只是令人叹息的事故吗？还是说，人体真的可以毫无预兆地起火？

约翰·欧文·本特利医生

1966年12月5日，在美国宾夕法尼亚州的考德斯波特小镇，工程师唐·戈斯内尔打算去约翰·欧文·本特利医生家抄煤气表。那位退休的医生年事已高，行动缓慢，所以唐知道，如果对方没有开门，他就得自己进去。唐按下门铃，耐心地等了一会儿，这才走进本特利医生的房子。

进屋后，一切看起来井井有条。可是，去地下室抄表的时候，他却注意到空气中有一股怪味。是烟吗？他开始搜查房子，看看有没有什么异常。

结果真的出事了。

只剩下一小堆灰烬。

在卫生间里，唐发现了一条右腿和一只脚的残骸，那只脚上还套着拖鞋。除此之外，本特利医生变得只剩下一小堆灰烬……看来，那位好大夫被烧死了。奇怪的是，除了卫生间的地板被烧出一个整齐的洞之外，没有任何东西烧毁。卫生间的其他地方都没事，甚至连医生的手杖都毫发无损。为什么一个人都被烧成灰了，但房子的其他部分却完好无损呢？这说不通呀。

神秘死亡

科妮莉亚·德·班迪伯爵夫人

1731 年 4 月，在意大利的博洛尼亚，时年 62 岁的伯爵夫人科妮莉亚·德·班迪感到身体不适。她回到自己的卧室，和女仆聊了几句，然后就上床睡了。第二天早上，眼见伯爵夫人没有出来吃早饭，女仆便去卧室看她。没想到，女仆看到了一幅令人毛骨悚然的景象。

在床和窗户之间的地毯上，有一小堆灰烬、三根手指，还有两只穿着袜子的脚烧焦后的残骸。在这些东西附近，有一盏被更多灰烬覆盖的油灯。另外，所有的东西表面都粘着黑色黏稠的煤烟。到底发生了什么？

当地的牧师朱塞佩·比安奇尼被请去调查，他的结论是：人体自燃。

人体自燃

如果什么东西在没有被其他火源点燃的情况下自己燃烧起来，我们就管这种现象叫自燃。有些人认为，这两个不幸的人经历的事情正是人体自燃，因为他们化为灰烬，但周围几乎没有一丝燃烧的痕迹。

可是，人类真的会自燃吗？赞成这种说法的人声称，在过去 400 年里，已经发生了超过 200 起人体自燃事件，最近的就发生在 2010 年。那它的原理是什么呢？

酒精可能在其中发挥了作用，因为我们的身体可以把酒精变成一种很容易着火的物质。也有人认为甲烷（一种我们在肠道中产生的易燃气体）有时会聚积起来，发生爆炸。还有更多的解释，比如人体周围奇怪的磁场和电力、雷击，甚至是激光束……不过，大多数严肃的科学家会说，这些悲剧性的死亡有一个更简单的解释。

他们认为本特利医生和伯爵夫人变成了“蜡烛”。他们的衣服起到了类似烛芯的作用，像燃烧蜡烛一样燃烧着他们体内的脂肪。由于尸体烧得很慢，所以房间没有受损。那点燃他们的东西又是什么呢？答案可能是甲烷，也可能是磁场。不过，伯爵夫人倒是喜欢使用樟脑。樟脑容易发生闪燃，而现场附近又正好有一盏油灯。本特利医生喜欢抽烟斗，想必经常要划火柴。这么看

参天之城

建造这样的城市在今天都是大工程。那古人是怎么办到的呢？

马丘比丘是一座隐秘的城市，位于安第斯山脉秘鲁段的高处。虽然印加人早在大约 600 年前就建成了这座城市，但是直到 1911 年，一名秘鲁向导带美国考古学家海勒姆 · 宾海姆参观这些令人难以置信的遗迹之后，它才在世界范围变得广为人知。

马丘比丘在历史上很可能是印加帝国的皇家度假地，是皇室放松身心和招待客人的地方。不过也有研究表明，这里并不是皇室专属，印加平民可能也会从远方前来游览。

在山顶建设城市已经是一项艰巨的任务了，而建设马丘比丘更是难上加难，因为当地经常发生地震。专家们认为，当年这座城市就是伴随着地震建成的。

印加人是怎么在山顶上建起一座城市的？

为了让建筑物屹立不倒，印加人使用了一种特殊的建筑方法。他们不是用砂浆把石头粘在一起——粘在一起的石头可能会在地震时松动——而是把石头切割得精确无比，从而让它们严丝合缝地拼在一起。有些石头挨得异常紧密，以至于中间的缝隙连一张纸都挤不进去。

马丘比丘让我们看到，印加人是了不起的工程师。可惜的是，由于他们采用结绳记事，没有文字，我们可能永远无法知道他们非凡的文明还藏有什么秘密了。

巨石阵和地画

这些古代工程奇迹是怎么建成的？又是用来干吗的呢？

巨石阵

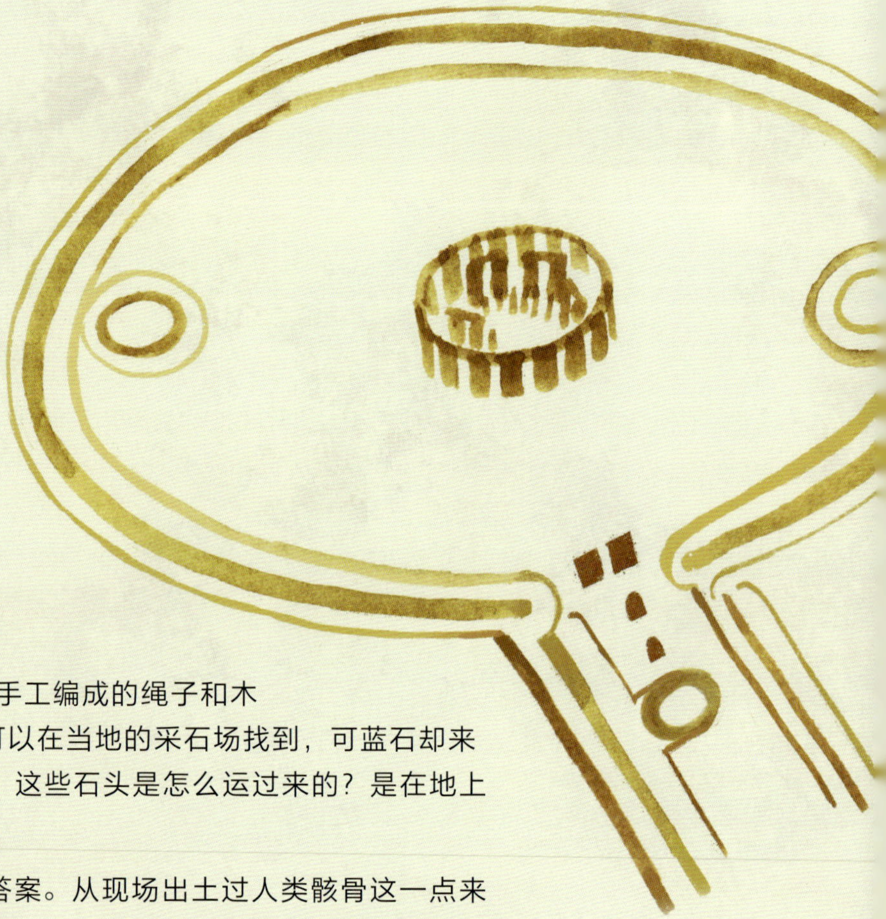

在英格兰南部的索尔兹伯里平原上，坐落着地球上最不可思议的人造建筑之一——巨石阵。这座巨石遗迹拥有数千年的历史，让一代又一代的考古学家和工程师困惑不已。由于建造它的新石器时代人类没有留下任何文字记录，我们仍然不确定它的建造方法和建造目的。

专家认为，巨石阵年代最早的部分是一个简单的石环，建于 5000 多年前。随着时间推移，更多的石头被加入其中，巨石阵的布局也发生了变化。如果你现在去参观，你会看到一个建于 3500 多年前的巨石建筑留下的遗迹。当时它的外围立着一圈名叫萨尔森石的巨石，里面还有一圈较小的名叫蓝石的石头。

最大的石头有 9 米高，超过 40 吨重！新石器时代的人只有手工编成的绳子和木制的脚手架，那他们是怎么抬起这些巨石的呢？虽然萨尔森石可以在当地的采石场找到，可蓝石却来自 200 多千米以外的威尔士。在轮子还没有被发明出来的时代，这些石头是怎么运过来的？是在地上拖拽还是用船运送的？

弄清巨石阵的建造原因，或许能帮助我们找到这个问题的答案。从现场出土过人类骸骨这一点来看，巨石阵可能是一处墓葬场所。巨石本身还给出了更多的线索：在一年中的某些时刻，它们会与太阳和月亮在天空中的位置对齐。难道说，巨石阵是一个巨大的日历，作用是标记季节的变化？有些研究人员还认为蓝石具有特殊的治疗能力，为了摸一摸它们，当时的人们可能会不辞辛苦地长途跋涉。

这个神奇石阵的建造方法和建造目的，我们可能永远也无法知晓。不过，建起巨石阵这件事本身就已经令人叹为观止了！

纳斯卡线条

在地球的另一边，还有另一项人类工程奇迹的遗迹——纳斯卡线条。虽然它在巨石阵建成1500年之后才出现，却同样是一个神秘莫测的谜。

在秘鲁南部的沙漠平原上，有将近400幅巨大的图画蚀刻分布在面积超过500平方千米的土地上。这里的地画种类繁多，既有鸟类、蜘蛛、猴子和植物的形象，也有三角形和螺旋形的图案。有些像帝国大厦一样巨大，以至于站在地上根本看不出它们是什么。后来，直到考古学家能够乘飞机俯瞰这片地区，人们才意识到这些图画有多么精细复杂。

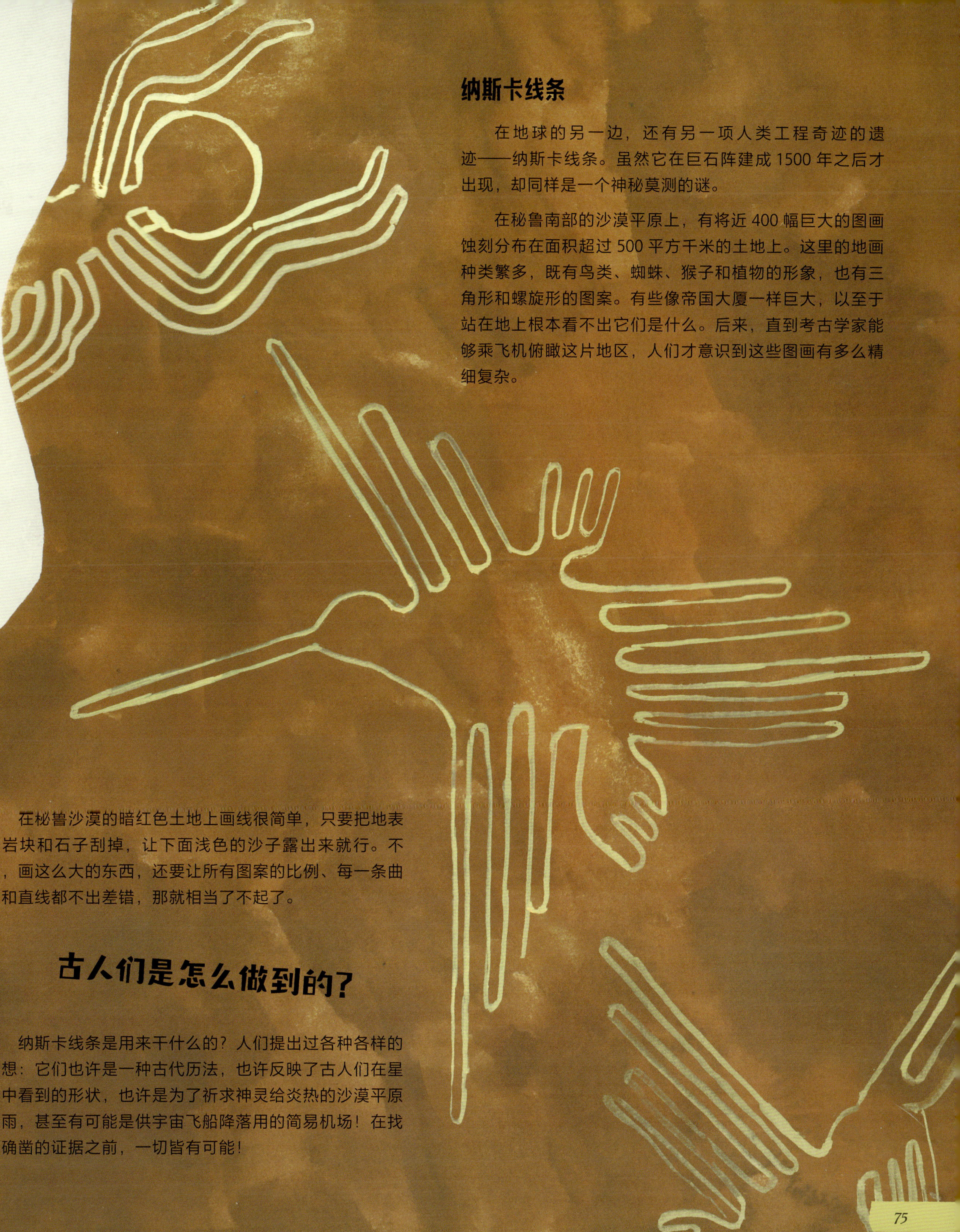

在秘鲁沙漠的暗红色土地上画线很简单，只要把地表的岩块和石子刮掉，让下面浅色的沙子露出来就行。不过，画这么大的东西，还要让所有图案的比例、每一条曲线和直线都不出差错，那就相当了不起了。

古人们是怎么做到的？

纳斯卡线条是用来干什么的？人们提出过各种各样的猜想：它们也许是一种古代历法，也许反映了古人们在星空中看到的形状，也许是为了祈求神灵给炎热的沙漠平原降雨，甚至有可能是供宇宙飞船降落用的简易机场！在找到确凿的证据之前，一切皆有可能！

古墓和地道

通过这些地下建筑，我们可以了解古代人挖掘和修筑的技术。

巴伐利亚高原的曼德拉洞穴

一天下午，在德国境内的阿尔卑斯山脉巴伐利亚段，年轻的贝亚特 · 格雷坦纳正在放牛，突然发现一头牛不见了。原来那个倒霉鬼脚下的地面突然开了一个洞，把它吞了进去。贝亚特下去一看，竟然发现了一系列迷宫般的地下隧道。

巴伐利亚的地下已经发现了大约 700 个这样的地道，邻国奥地利还有更多。人们管它们叫“地精洞”或者“曼德拉洞穴”（“曼德拉”指的是曼德拉草，据说具有魔力）。这些隧道位于地下 10 米左右的地方，长达 50 米，其中有直道、环道，甚至还有高到可以让人站直的洞室。

研究人员说，这些隧道已经有 1000 多年的历史了，但是他们也不确定隧道的建造目的。可能只是用来躲避入侵者的避难所，也可能是用来与冥界幽灵交流的地点。不过，这些理论尚未得到证实，所以巴伐利亚的曼德拉洞穴仍然是个未解之谜。

石缸平原

在东南亚国家老挝绵延数十千米的草原上，散落着几千个古老的石缸。其中大的大到足以供人爬进去，重达 14 吨，而且有 1500 多年的历史。

相传当地曾经存在过一个巨人族。有一次，为了庆祝战胜外敌，他们的国王坤壮制造了这些大缸来酿酒。传说归传说，它们的真实用途是什么呢？

谁也给不出确切的答案。有些研究人员怀疑这片平原可能是一片古老的火葬场，而这些大缸存放着当地部落首领的骨灰。也有人认为大缸的位置是一个线索。它们看起来呈直线分布，就像一条乡间小路，所以说不定是某种特殊的路标，用来标出穿越国土的重要路线。还有人说它们是用来贮水的。

在更多的研究揭开真相之前，石缸之谜将继续与我们相伴。

谜样的安息地

这些人在世时都是无人不知的大人物，可是现在却无迹可寻了。

纳芙蒂蒂王后

纳芙蒂蒂王后是古埃及最有权势的女人之一。在嫁给阿肯那顿法老后，她便辅佐丈夫统治着埃及，直到3500年前去世为止。我们知道她是一个重要人物，因为古埃及人在著作中一再提到她。另外，考古学家还发现了她的雕像，所以我们连她长什么样都知道。

可是她被葬在哪里呢？

埃及的王后谷埋葬着古埃及的许多女性统治者，像纳芙蒂蒂这样地位重要的统治者应该会在那里拥有一座宏伟的陵墓才对，可是我们至今都没有在那里发现任何跟她有关的东西，而且她也没有和阿肯那顿法老葬在一起。有些人认为她可能被埋葬在另一位法老图坦卡蒙墓的密室里。然而，在多年的搜寻之后，那个密室被证实并不存在。

也许她的遗体已经在另一个法老的坟墓里被发现了。人们在阿蒙霍特普二世的坟墓中发现过一具耳朵上存在异常穿孔的木乃伊（经过防腐处理的古代遗体），而我们在纳芙蒂蒂的形象中可以看到，她也有类似的耳洞。然而并不是所有人都认同这一点。更何况，那具木乃伊甚至有可能不是女性。所以说，纳芙蒂蒂最后的安息之地至今仍然是一个谜。

亚历山大大帝

亚历山大是2500多年前的马其顿国王。他率领军队四处征战，建立了一个疆域从今天的希腊延伸到印度的庞大帝国。因为勇气和品格过人，20岁时他便已经在麾下的威武之师中备受尊敬了。

亚历山大33岁就去世了。今天，他的下葬地点成了一个谜。亚历山大去世后，他的亲密好友们一度为了谁才该埋葬他发生过争执，最后遗体被埋在了埃及的亚历山大城。我们知道尤利乌斯·恺撒、克娄巴特拉七世、卡利古拉和哈德良等许多历史名人都曾去亚历山大城拜谒过他的坟墓，但是人们始终没能确定陵墓的具体位置。

随着时间的推移，这个谜团变得更加复杂了，因为亚历山大城屡次遭到洪水和地震的袭击。自亚历山大在世的时代以来，那里的地面已经下陷了大约3.5米，古城也经历过不止一次重建。为了找到亚历山大之墓，人们已经发起过不下140次考古挖掘，可是他的遗骸仍然不知所终。

成吉思汗

成吉思汗生活在大约800年前，是蒙古汗国的奠基人。蒙古汗国的疆域一度从东欧延伸到了库页岛。作为历史上最令敌人闻风丧胆的统治者之一，成吉思汗和他的蒙古大军以能征善战而闻名。

临死之前，成吉思汗要求将他的坟墓隐藏起来，所以直到今天他的下葬地点依旧是个谜。他为什么要求保密呢？据说是因为他有在征战中掠夺的大量宝物陪葬。可是，一位统治者该怎么在死后保守自己下葬地的秘密呢？

据说成吉思汗的遗体是由忠诚的部下运到安息之地的，相传他们把沿途遇到的所有人都杀掉了，以防有人把看到的秘密透露出去。遗体下葬后，他们还特地让骏马在地面上奔驰，把地面踏平，使所有的痕迹消失。世界各地的考古学家都在寻找这座陵墓，但许多蒙古族人都不希望它被找到，因为他们更愿意尊重这位枭雄的遗愿。

破解古代文字

这些不为人知的文字似乎在告诉我们什么东西，是什么呢？

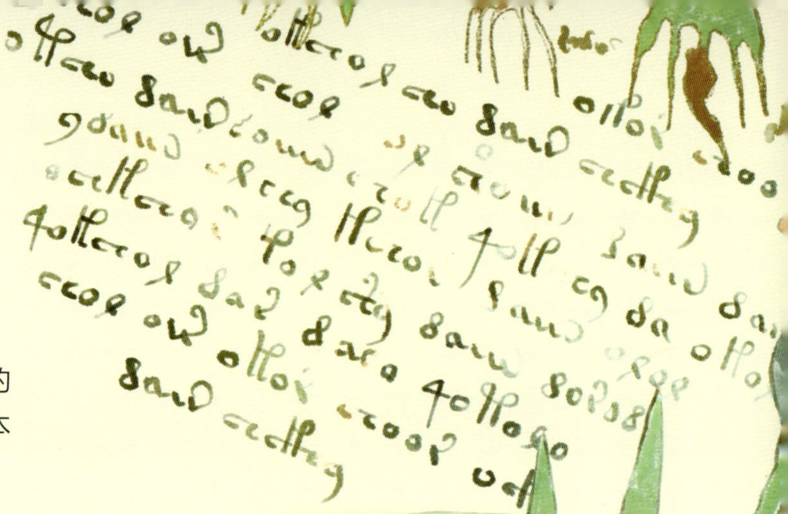

人类自从学会书写开始，便有了保守秘密的念头——无论要保密的是作战计划还是情书——而密码就是用来干这个的。可是，如果密码本丢了该怎么办？下面这几个就是至今都没人破解的古代谜题。

伏尼契手稿

1912 年，波兰书商威尔弗里德·伏尼契从一位意大利牧师那里买了一些书，结果发现藏品中竟然有一份用兽皮（犊皮纸）制成的手写文件。这份文件后来被称为伏尼契手稿。伏尼契手稿的历史可以追溯到 15 世纪早期，它很有可能是在意大利撰写的，但是谁也不知道作者是谁。

手稿没写标题，里面的内容也一个字都看不懂。

240 页的手稿里写满了华丽的手写字，可是我们不但不知道它是什么语言，甚至连一个字都不认识。专家们也不清楚，这到底是一种早已被人遗忘的古代文字，是一套虚构的密码，还是一个天大的骗局。

除了文字，手稿中还有涂鸦和草图。有奇异的植物、盥洗沐浴的人，也有夜空和星座。它们似乎暗示了这本书的内容和什么有关，可能是医学，可能是占星术，甚至有可能是菜谱……然而，经过 100 多年的研究，还是没有人能道出其中的玄机。

费斯托斯圆盘

1908 年，意大利考古学家路易吉 · 佩尔尼耶在希腊的克里特岛探索青铜时代遗迹时，无意中发现了一个和餐碟大小相当的奇怪圆盘。这个黏土制成的圆盘拥有长达 3500 年的历史，人们以发现它的地方（米诺斯文明的费斯托斯宫殿遗址）将其命名为费斯托斯圆盘。圆盘的两面总共刻有 240 多个呈螺旋状分布的符号。

从这些符号中，我们可以辨认出人头像、手套、猫、鸟还有树等图案。由于它们分组拼凑成了大约 30 个 “词”，考古学家便怀疑圆盘包含了一条信息。那它具体讲的是什么呢？

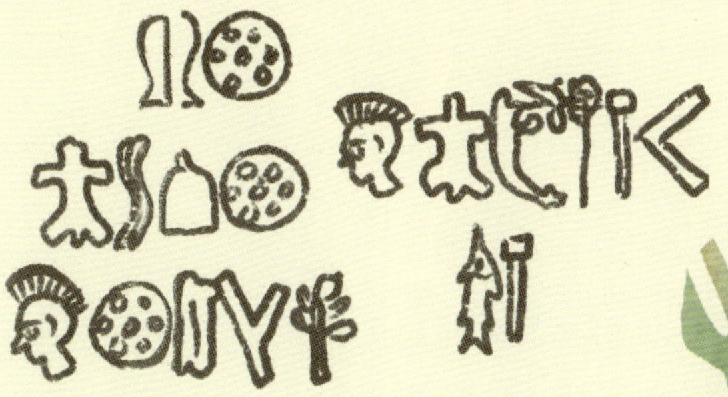

一些研究认为，这可能是献给大地女神的祷文，也可能是一句问候，甚至可能是乐谱。不过，大多数研究人员相信，只有当我们在别的东西上发现相同的符号时，才有可能破译它。由于找不到线索，费斯托斯圆盘上的符号至今仍是一种无法理解的古代文字。

沙格伯勒碑文

沙格伯勒大宅坐落在英格兰腹地的斯塔福德郡，是一座令人惊叹的乔治王时代风格的宅邸，由乔治 · 安森在大约 300 年前建造。那里有一尊被称为牧羊人纪念碑的宏伟雕塑，多年来一直让历史学家们百思不得其解。石碑上刻着一个女人和三个牧羊人，在人物下方还有 8 个看似随机组合到一起的字母：O、U、O、S、V、A、V、V。

许多人相信这是一个谜题，可是有谁知道答案是什么吗？

一些专家认为，牧羊人的形象与圣殿骑士的传说有关，而这些字母指明了圣杯的方位。也有人怀疑这可能是一首写给乔治妻子的情诗。许多顶尖的密码破译者都试图破解这个难题，但是直到今天，谜题仍然没有解开。

密码疑云

来自过去的神秘信息在今天还有意义吗？

埋藏的黄金

1820 年 1 月，托马斯 · J. 比尔住进了美国弗吉尼亚州林奇堡的一家旅馆。离开的时候，他把一个上了锁的金属盒子交给酒店老板罗伯特 · 莫里斯，并保证说很快就会回来取。没想到他竟然一去不返。等了 23 年后，罗伯特断定托马斯应该不会来了，于是就打开了盒子。他发现里面有三页数字和一张纸条，纸条上说那些数字里隐藏着一批财宝的埋藏地点。

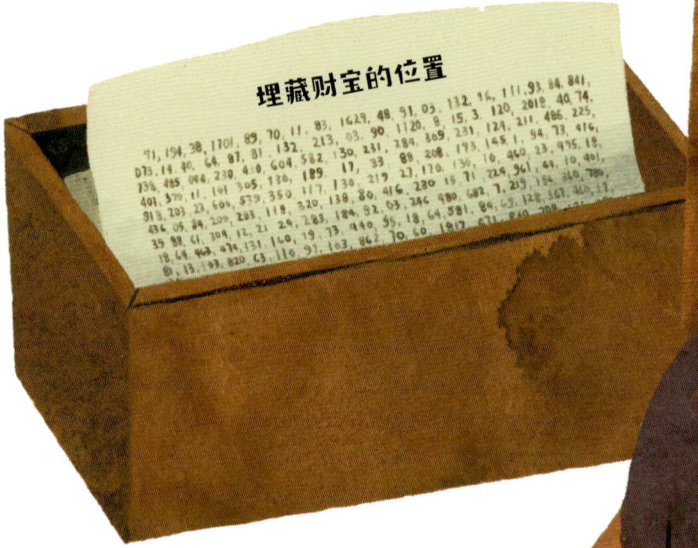

原来是密文！只要拿出相应的密码本来对照，每个数字都可以转换成一个字母，然后组成一篇完整的英文文本。可问题是每页使用的密码都不同，而且密码本也不知道在哪里。

尽管如此，在 19 世纪末，还是有人破译了其中的一页。密文显示，托马斯在美国贝德福德县的某个地方藏有价值 6000 万美元的财宝。具体位置可能隐藏在另外两页中，可是直到现在都没人破解余下的两篇密文！

多拉贝拉密文

1897 年，著名的英国作曲家爱德华·埃尔加和他的妻子卡罗琳在好友彭尼家住了几天。后来，卡罗琳寄给朋友一张感谢卡，里面有一份爱德华专门写给多拉·彭尼的密文。可是，这份密文到底讲了什么，直到 120 多年后的今天仍然是一个谜。

这篇密文后来被称作多拉贝拉密文，它包含 87 个字符，但是每个“字符”不过是一条弯弯扭扭的线。它们究竟代表什么？经过这么多年的努力和无数次尝试，还是没人知道。不过，多拉贝拉和爱德华在一起时，经常玩一些巧妙的文字游戏，甚至用自己编造的语言交谈，所以许多人仍然认为这些弯弯扭扭的秘密符号是一种值得破解的密码。

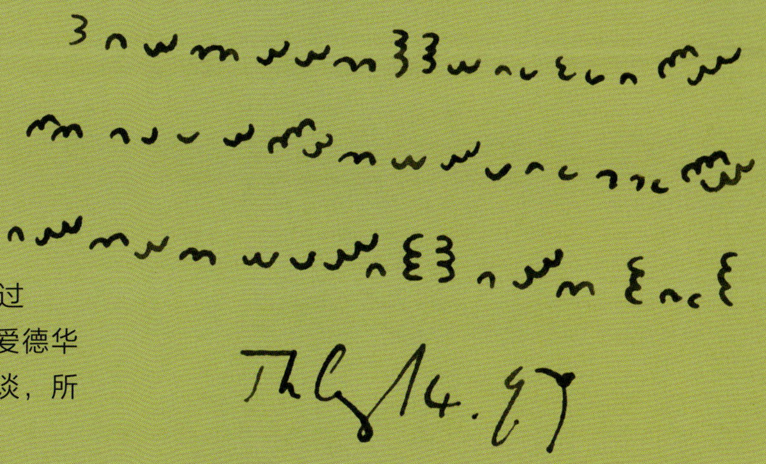

迷途的信鸽

1982 年，大卫·马丁在位于英格兰萨里郡的家中修理烟囱时，偶然发现了一具精致的鸟类骨架。那个可怜的小家伙大概是被困在烟囱里死掉的。

大卫原本没有多想，直到他发现鸽子的一条腿上绑着一个写有“信鸽部队”字样的小容器。看来这是一只信鸽的遗体。第二次世界大战期间，曾有超过 25 万只信鸽飞行数百千米，在欧洲大陆战场和英国本土之间传递信息。

大卫小心地拧开容器的盖子，发现了一张手写的纸条，内容是 27 组由 5 个英文字母组成的“词”。这些字母看起来像是随意组合到一起的，比如 RQXSR、JRZCQ 和 CMPNW。

这是什么意思？

这堆字母甚至把英国最高级别的密码破译部门——英国国家通信总部都难住了。也许线索就在发现信鸽遗骸的地点，那里刚好位于第二次世界大战期间英国密码破译中心所在的布莱切利公园和盟军部队作战的法国诺曼底之间。那么，这只信鸽身上的文件其实是交给前线将士的重要信息吗？

是诅咒还是巧合？

你愿意冒着生命危险佩戴这些珠宝吗？

霍普钻石

霍普钻石是一颗明亮的蓝色宝石，跟一颗核桃一样大。它的重量超过 45 克拉，价值超过 2.5 亿美元。1830 年，英国作家托马斯 · 霍普买下了它，所以它就有了霍普钻石这个名字。今天，这颗钻石成了在美国华盛顿特区供人欣赏的展品，可它其实有一段神秘莫测的过去。有些人认为它受到了诅咒，给不少拥有过它的人带来了厄运。

据说这颗钻石原本属于一座印度寺庙，是一尊雕像上闪闪发光的眼睛，但是它被一个手脚不干净的僧人偷走了。钻石落入了一个叫让 - 巴蒂斯特 · 塔韦尼耶的法国商人手里，这个商人又在 1668 年把它卖给了法国国王路易十四。没想到他自己不久之后就被一群狗袭击了！后来这颗钻石的多任主人——包括一个俄罗斯王子、一个土耳其苏丹和一个希腊公主——都没有落得好下场。

黑太子红宝石

黑太子红宝石不光色泽如血，而且拥有一段货真价实的血腥历史。14 世纪的时候，这颗宝石一度归西班牙格拉纳达的苏丹所有，直到他被自己的死敌卡斯蒂利亚国王佩德罗一世设计杀害为止。他们两人会面进行和平谈判，哪知道佩德罗一世压根没有讲和的意思，而是趁机杀掉了苏丹，偷走了宝石！

几年后，英格兰的“黑太子”爱德华帮助佩德罗一世打败了另一个敌人。佩德罗一世大概听说过红宝石诅咒的传言，所以把它送给了爱德华。结果他们两个都没有落得好下场！佩德罗一世不久之后就战死沙场，而爱德华也在几年后被疾病折磨去世。爱德华的儿子理查二世继承了这块宝石并加冕为英格兰国王，但他很快就被他的继任者亨利四世杀害了。

宝石真的能给主人带来可怕的诅咒吗？

柯伊诺尔大钻石

1849 年，当时印度旁遮普地区年幼的统治者杜利普 · 辛格将一枚名为柯伊诺尔的钻石献给了英国的维多利亚女王。“柯伊诺尔”的意思是“光之山”。这枚宝石虽然令人惊艳，却伴随着一个拥有 750 年历史的诅咒。据说只有上帝和女人佩戴它才不会招来大祸。

在到达英国之前的几个世纪里，这枚钻石曾经随着战火辗转于一个又一个统治者之手，而这些人也一个接一个地倒霉。甚至在运抵英国的途中，有人认为它也展现出了神秘的力量，因为船上的许多船员都染病而死。

如今，英国王室仍然拥有这枚钻石。它被镶在王冠上，而这顶王冠只有女人才能戴。这是不是说明，他们真的相信这个诅咒？

每颗宝石都留下了一段血腥的历史。

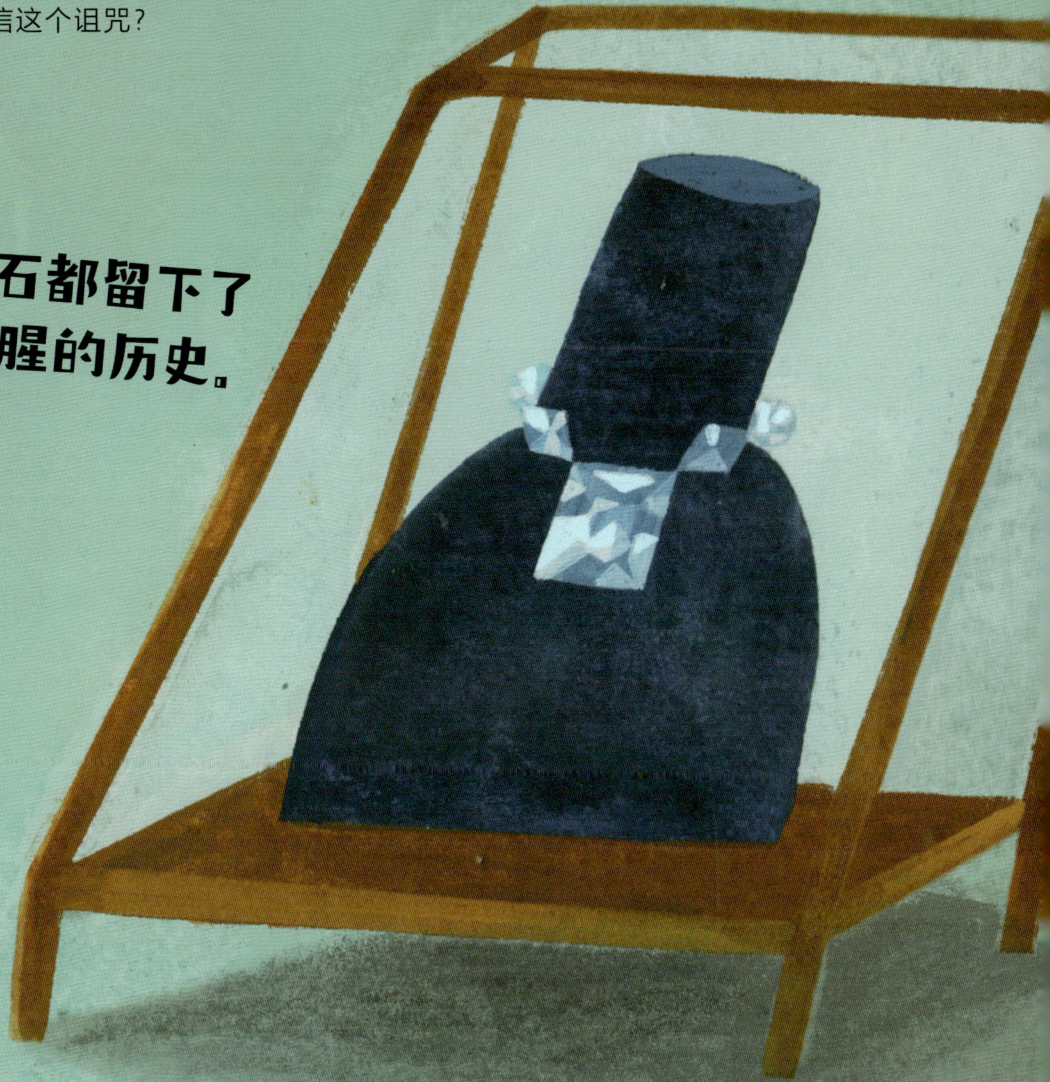

这些石头真的被诅咒了吗？

这些故事里的灾祸真的都能归咎于某个奇怪的诅咒吗？事实真相是和宝石没有关系，因为这些统治者总是为了权力而争斗不休。

“骨”惑人心

三个截然不同的头骨，三个截然不同的谜团。

猴把戏

在北爱尔兰阿马城外的田野上，有一片隆起的奇怪地形。它的外围是一个完美的圆形土墩，里面有两个稍小的圆形土墩。圆圈是自然界难以自然形成的形状，所以不管它究竟是什么，都应该是人造物。

实际上，考古学家已经发现，这是一个铁器时代堡垒的遗迹，建于 2500 年前。我们对居住在这里的群体了解不多，不过古罗马人在征服不列颠时曾经记载，爱尔兰北部存在一些有活人献祭习俗的部落。

然而，堡垒里面真正让考古学家大惑不解的东西并不是人骨，而是猴骨！

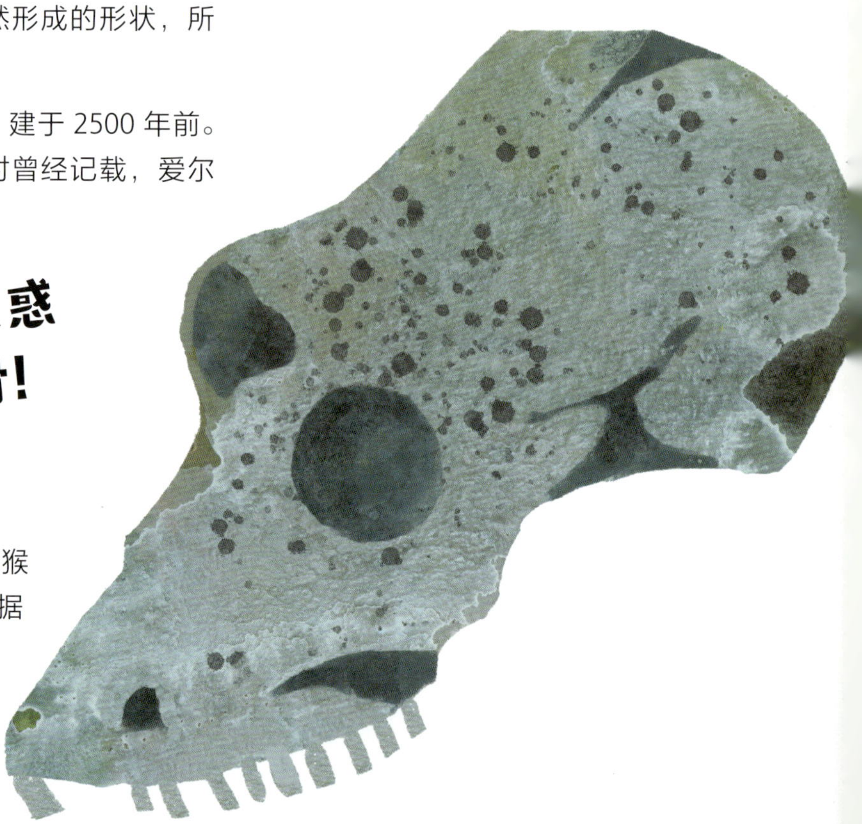

1971 年，当地出土了一个巴巴里猕猴的头骨。可是巴巴里猕猴的栖息地在北非和直布罗陀，位于爱尔兰以南 3000 千米处。有证据表明，这种动物有时会被人当作宠物饲养。不过，专家们还认为这种猴子的头骨是大受追捧的玩物，会在欧洲各地买卖流转。那么，这个头骨究竟属于一只 2000 多年前在潮湿多风的北爱尔兰生活的猴子，还是说仅仅是一个值钱的小饰品而已？

末日头骨

1924 年，探险家弗雷德里克 · 米切尔－赫奇斯活跃在中美洲伯利兹的丛林里。当时他正在挖掘一座被认为有 1000 年历史的玛雅神庙废墟。几年后，他的女儿安娜向世人展示了一个精美的水晶头骨。这件非同寻常的物品由透明的石英雕刻而成，据她说是在那次探险中发现的。

水晶头骨虽然漂亮，但是据说带有致命的诅咒，安娜甚至管它叫“末日头骨”。在中美洲的其他地方也发现过类似的头骨，有些人相信它们是几千年前的古文明制作的。某个预言甚至宣称，无论是谁集齐 13 个水晶头骨，都将获得人类在世界末日中存活下来所需的秘密知识。

这些头骨拥有未知的超能力吗?

然而，不是每个人都这么认为。科学家在仔细研究过水晶头骨后发现，所谓古老的玛雅人头骨实际上是用年代晚得多的机器制造的。看来，“末日头骨”的历史一点儿也不像水晶那样清澈透明嘛。

以防万一

在波兰的德拉夫斯科和意大利的威尼斯，考古学家发现了一些有 400 年历史的坟墓。这些坟墓里埋着几百具尸体，有些尸体的嘴里被强行塞上了大石头，而且所有尸体的脖子都被镰刀卡在了地上。这到底是怎么回事?

这些坟墓被称为“吸血鬼之墓”。在这些尸体下葬的时代，欧洲大部分地区都处在水深火热之中，成千上万的人被黑死病等疾病夺去生命。如今，我们已经知道黑死病是由老鼠身上的跳蚤传播的，可是那个年代的人并不知道是什么造成了大量的死亡。他们怀疑罪魁祸首是吸血鬼。所以，只要尽力阻止尸体复活，人们就会觉得心里踏实一些。

不可思议的古人

预知未来、蓄电罐子和喷气式飞机……还有什么是古人们不懂的？

2000 年前的计算机

1901 年，一队潜水员在希腊城市安提基特拉附近的海域发现了一艘有 2000 年历史的沉船，里面装满了古代珍宝。除了各种雕像和钱币，其中还有一团大小跟鞋盒相当、由金属和木头组成的东西。它的内部藏着一个惊天的秘密：有一个类似时钟的奇怪机器，它的前后都有指针和刻度盘，还有超过 30 个互相咬合的青铜齿轮驱动着它们。

这是我们迄今为止发现过的最复杂的古代机器。它是用来干什么的呢？为了摸清这台机器的底细，专家们花了大量的时间和精力。最后，他们发现它是一台古老的“可编程计算机”，可以预测太阳、月亮和行星在天空中的位置，计算未来几百年的月相和日食、月食发生的日期。人们可能会用它来决定什么时候举行宗教庆典，什么时候种植庄稼，甚至是什么时候开战。

然而，还有一个谜团没有解开。直到 1500 年之后，也就是天文钟问世的时候，才出现像安提基特拉机械这么复杂的东西。我们的祖先怎么会懂得制造这个？

古代电池?

古代文明拥有电力吗？有些人认为答案是肯定的。80 年前，考古学家威廉·柯尼希在伊拉克的巴格达城附近发现了奇怪的东西——一些有将近 2000 年历史的陶罐，每个里面都有一片卷曲的铜片和一根铁棒。

威廉知道，如果给这些陶罐装上某种酸（比如醋），金属和酸就会因为化学反应产生电。对陶罐检查了一番后，竟然真的发现了醋的痕迹！难道说，威廉发现了世界上最古老的电池吗？

我们确切知道的最早的电池，是由亚历山德罗·伏打于 1799 年在意大利制造的。如果这些陶罐真的是古代电池，那么它将改写历史。可是，如果真是那样，这些古老的电池是用来干什么的？古人们是从哪里得到这项技术的？在这之后，为什么人们再也没有发现过电池和关于用电方面的考古证据呢？如果它们不是电池，那又是什么？

外星人的飞行指导?

20 世纪初，人们在南美洲的哥伦比亚发现了数十件古代黄金饰品。它们有大约 1000 年的历史，由于是金巴亚人制作的，所以被称为金巴亚文物。这些金饰每个都只有几厘米长，做工精细。神奇的是，其中一些竟然看起来酷似小飞机！可是，古人们怎么会知道飞机呢？那时飞机还没有被发明出来呢！

还有更神奇的呢。1994 年，德国的三位研究人员根据它们制作出了带发动机的放大版，然后测试了一下，结果发现真的能飞！

他们怎么会知道飞机呢?

制作它们的古代人真的懂飞行原理吗？如果答案是肯定的，那他们是自学成才还是有人指点？有人坚信，这些用黄金制作的小飞机正是外星人造访地球，并且教会人类飞行技术的铁证。

如果真的有天外来客在地球上停留过，那将是不可思议的重大发现。可惜，考古学家认为这种可能性微乎其微。如果外星人真的来访过，金巴亚人怎么没建造寺庙和雕像来隆重纪念，而是只做了几个小小的飞机模型呢？

如果这些模型不是飞机，又是什么？考古学家认为，与飞机一起发现的其他金饰看起来像是昆虫和青蛙等动物。如此说来，这些飞机其实更有可能是造型古怪的鸟类或鱼类吗？

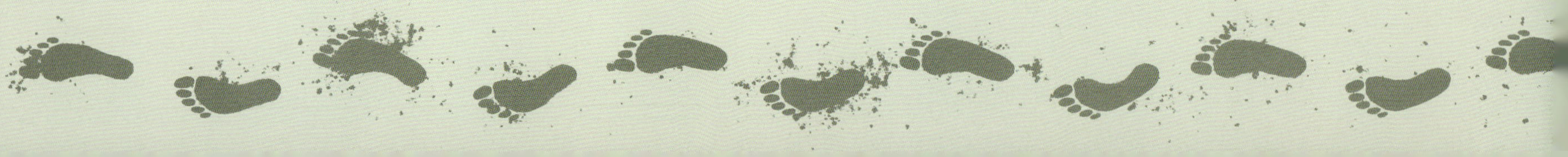